AF469983

1874 décembre 7.

CATALOGUE

DE L'IMPORTANTE COLLECTION

DE

LETTRES AUTOGRAPHES

D'ÉCRIVAINS, D'ARTISTES ET DE SAVANTS

COMPOSANT LE CABINET

De feu M. Julien-Léopold BOILLY

ARTISTE PEINTRE

LA VENTE AURA LIEU LE LUNDI 7 DÉCEMBRE 1874 ET LES TROIS JOURS SUIVANTS

A SEPT HEURES ET DEMIE PRÉCISES DU SOIR

RUE DES BONS-ENFANTS, 28, SALLE N° 1

Par le ministère de Me DELBERGUE-CORMONT

COMMISSAIRE-PRISEUR, 8, RUE DE PROVENCE

Assisté de M. Étienne CHARAVAY

ARCHIVISTE-PALÉOGRAPHE, EXPERT EN AUTOGRAPHES, RUE DE SEINE, 51

ARIOSTO (Ludovico); — BACON (Fr.); — BOSSUET; — BYRON (lord); — CALVIN; — CESALPINO (Andrea); — DESPORTES (Philippe); — FRANKLIN; — FULTON; — GALILEO-GALILEI; — GIBBON; — JAMYN (Amadis); — LA ROCHEFOUCAULD (François VI de); — LASCARIS; — MASSILLON; — MONTESQUIEU; — NEWTON (Isaac); — PARÉ (Ambroise); — PARTHENAY (Catherine de); — POGGIO BRACCIOLINI; — POPE; — RACINE (Jean); — ROUSSEAU (J.-J.); — SÉVIGNÉ (Mme de); — STEPHENSON (George et Robert); — VAUVENARGUES; — CALIARI (Paolo), dit *Paul Véronèse*; — CELLINI (Benvenuto); — GÉRICAULT; — GREUZE; — LA TOUR; — PALLADIO (Andrea); — PILLON (Germain); — POUSSIN (Nicolas); — PRIMADICCIO, dit *le Primatice*; — PUGET (Pierre); — RIGAUD; — ROSALBA-CARRIERA; — BEETHOVEN; — CIMAROSA; — MOZART; — RAMEAU; — SCARLATTI; — SCHUBERT; — WEBER; — BELLOT; — COOK; — FRANKLIN; — LA PÉROUSE; — LIVINGSTONE; — VANCOUVER, etc.

PARIS

LIBRAIRIE J. CHARAVAY AINÉ, RUE DE SEINE, 51

(ci-devant rue des Grands-Augustins, 26).

LONDRES

CH. LABUSSIÈRE, correspondant spécial de la maison J. CHARAVAY aîné
9, Warwick Street, Golden Square.

1874

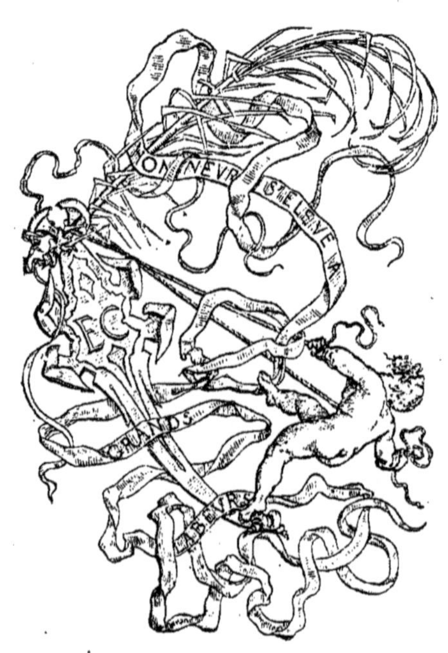

ORDRE DES VACATIONS

1re Vacation :	lundi 7 décembre 1874. . . .	de 1 à 196
2e Vacation :	mardi 8 —	de 197 à 395
3e Vacation :	mercredi 9 —	de 396 à 591
4e Vacation :	jeudi 10 —	de 592 à la fin.

AVIS

—

Il y aura, chaque jour de vente, de deux à quatre heures, exposition publique, rue des Bons-Enfants, des pièces qui seront vendues le soir.

Les pièces seront également visibles à la librairie J. Charavay aîné, rue de Seine, 51, du 1er au 5 décembre, de midi à cinq heures.

L'authenticité des autographes est garantie.

Huit jours sont accordés pour la vérification des pièces; passé ce délai, aucune réclamation ne sera admise.

Les acquéreurs payeront cinq pour cent en sus du prix d'adjudication.

M. Étienne Charavay, *archiviste-paléographe*, chargé de la vente, remplira les commissions qu'on voudra bien lui confier.

Nota. — Les vacations étant très-chargées, on commencera à *huit heures moins un quart très-précises*.

Paris. — Typographie Motteroz, 31, rue du Dragon

CATALOGUE

DE L'IMPORTANTE COLLECTION

DE

LETTRES AUTOGRAPHES

D'ÉCRIVAINS, D'ARTISTES ET DE SAVANTS

COMPOSANT LE CABINET

De feu M. Julien-Léopold BOILLY

ARTISTE PEINTRE

LA VENTE AURA LIEU LE LUNDI 7 DÉCEMBRE 1874 ET LES TROIS JOURS SUIVANTS

A SEPT HEURES ET DEMIE PRÉCISES DU SOIR

RUE DES BONS-ENFANTS, 28, SALLE N° 1

Par le ministère de Me DELBERGUE-CORMONT

COMMISSAIRE-PRISEUR, 8, RUE DE PROVENCE

Assisté de M. Étienne CHARAVAY

ARCHIVISTE-PALÉOGRAPHE, EXPERT EN AUTOGRAPHES, RUE DE SEINE, 51

ARIOSTO (Ludovico); — BACON (Fr.); — BOSSUET; — BYRON (lord); — CALVIN; — CESALPINO (Andrea); — DESPORTES (Philippe); — FRANKLIN; — FULTON; — GALILEO-GALILEI; — GIBBON; — JAMYN (Amadis); — LA ROCHEFOUCAULD (François VI de); — LASCARIS; — MASSILLON; — MONTESQUIEU; — NEWTON (Isaac); — PARÉ (Ambroise); — PARTHENAY (Catherine de); — POGGIO BRACCIOLINI; — POPE; — RACINE (Jean); — ROUSSEAU (J.-J.); — SÉVIGNÉ (Mme de); — STEPHENSON (George et Robert); — VAUVENARGUES; — CALIARI (Paolo), dit *Paul Véronèse*; — CELLINI (Benvenuto); — GÉRICAULT; — GREUZE; — LA TOUR; — PALLADIO (Andrea); — PILLON (Germain); — POUSSIN (Nicolas); — PRIMADICCIO, dit *le Primatice*; — PUGET (Pierre); — RIGAUD; — ROSALBA-CARRIERA; — BEETHOVEN; — CIMAROSA; — MOZART; — RAMEAU; — SCARLATTI; — SCHUBERT; — WEBER; — BELLOT; — COOK; — FRANKLIN; — LA PÉROUSE; — LIVINGSTONE; — VANCOUVER, etc.

PARIS

LIBRAIRIE J. CHARAVAY AÎNÉ, RUE DE SEINE, 51

(ci-devant rue des Grands-Augustins, 26).

LONDRES

CH. LABUSSIÈRE, correspondant spécial de la maison J. CHARAVAY aîné

9, Warwick Street, Golden Square.

1874

ORDRE DES VACATIONS

1re Vacation :	lundi 7 décembre 1874. . . .	de	1 à 196
2e Vacation :	mardi 8 —	de	197 à 395
3e Vacation :	mercredi 9 —	de	396 à 591
4e Vacation :	jeudi 10 —	de	592 à la fin.

AVIS

Il y aura, chaque jour de vente, de deux à quatre heures, exposition publique, rue des Bons-Enfants, des pièces qui seront vendues le soir.

Les pièces seront également visibles à la librairie J. Charavay aîné, rue de Seine, 51, du 1er au 5 décembre, de midi à cinq heures.

L'authenticité des autographes est garantie.

Huit jours sont accordés pour la vérification des pièces; passé ce délai, aucune réclamation ne sera admise.

Les acquéreurs payeront cinq pour cent en sus du prix d'adjudication.

M. Étienne Charavay, *archiviste-paléographe*, chargé de la vente, remplira les commissions qu'on voudra bien lui confier.

Nota. — Les vacations étant très-chargées, on commencera à *huit heures moins un quart très-précises.*

Paris. — Typographie Motteroz, 31, rue du Dragon.

La collection de feu M. Julien Boilly dont nous offrons le catalogue aux amateurs est une des plus curieuses et des plus justement célèbres de Paris. On y reconnaît le tact exquis et le goût délicat de l'artiste, et les nobles préoccupations du chercheur et du savant. A l'époque où naissait le goût des autographes, M. Boilly recueillit les lettres des peintres, des sculpteurs, des architectes et des musiciens. Rien de ce qui touchait les beaux-arts ne lui était indifférent; mais, les belles-lettres et les sciences lui étant également familières, les écrivains et les savants se joignirent aux artistes. Là s'arrêta la collection de M. Boilly, mais la part était belle. On remarquera, en effet, que les souverains, les hommes d'État ou de guerre, sont soigneusement exclus. Les quelques pièces de ce genre qu'on verra figurer au catalogue étaient classées à part : elles n'avaient pas droit de cité dans la collection.

M. Boilly avait classé ses autographes par spécialités. Nous avons, dans une première série, réuni les écrivains et les savants. Les noms illustres y sont en grand nombre, sans distinction de nationalité, comme il convient. On y trouve toutes les gloires littéraires de notre France, depuis Charles d'Orléans jusqu'à Alfred de Musset.

Ronsard, *Pontus de Tyard*, *Amadis Jamyn*, *Mellin de Saint-Gelays*, *Philippe Desportes* et *Amyot* ouvrent la série.

Le grand siècle est brillamment représenté : *Racine* envoie au Père Bouhours le manuscrit d'une de ses tragédies ; Mme de *Sévigné* se met aux pieds de sa fille ; la comtesse de *La Fayette* fait des reproches à la marquise de Sablé ; la marquise de *Maintenon* signe *D'Aubigné de Maintenon*, parce qu'ainsi le veut d'Hozier ; *Fénelon* se soumet à la volonté de Celui qui vient d'enlever à la terre le duc et la duchesse de Bourgogne. Viennent ensuite *Bossuet* et *La Rochefoucauld*, l'auteur des *Maximes*. Au XVIIIe siècle, nous trouvons *Massillon ; Montesquieu*, une lettre gaillarde ; *Diderot*, qui se défend d'être l'auteur d'un pamphlet intitulé *Mémoire pour Abraham Chaumeix ; Voltaire* et *Rousseau ; Vauvenargues*, une plaisante épître, etc.

L'Italie nous offre d'abord deux noms illustres : *le Pogge* et *l'Arioste*, puis *Alamani*, *Marino*, *Tassoni*, *Alfieri*, *Casti*, *Manzoni*.

L'Angleterre est représentée par *Bacon*, *Gibbon*, une lettre en français, *Pope*, *Prior*, lord *Byron* et *Walter Scott*.

L'Allemagne nous montre *Gœthe*, *Schiller* et *Klopstock*.

La série des SAVANTS n'est pas moins riche : elle nous offre tout d'abord quatre noms illustres entre tous : *Tycho Brahe*, *Galileo-Galilei*, *Andrea Cesalpino* et *Isaac Newton*. Ce sont là des raretés autographiques. Après elles citons *Ambroise Paré*, *Viviani*, le disciple de Galilée, *Harvey*, *Lavoisier*, *Laplace*, *Lagrange*, *Herschel*, etc. Les noms de *Franklin*, *Vaucanson*, *Montgolfier*, *Volta*, *Galvani*, *Fulton*, *Watt*, *Jenner*, *Jacquard*, George et Robert *Stephenson*, *Morse*, etc., nous prouvent que M. Boilly recherchait avec passion les lettres de ces hommes qui, par leurs travaux ou leurs découvertes, ont été les bienfaiteurs de l'humanité.

Dans une seconde partie, nous avons classé les ARTISTES. C'est la plus belle collection de ce genre qui ait été jusqu'ici offerte aux amateurs. Elle a coûté à M. Boilly des soins infinis : les pièces, pour la plupart, présentent un puissant intérêt artistique ou biographique. A peine citerons-nous quelques noms parmi les plus illustres, et tout d'abord *Dumonstier*, un de nos vieux peintres, *Benvenuto Cellini*, *Andrea Palladio*, *Francesco Pri-*

madiccio, *Germain Pillon*, les gloires de la Renaissance. Une quittance de *Nicolas Poussin* donne le prix de son tableau de *la Cène* qui est au Louvre. Après Poussin viennent *Charles Le Brun* et *Mignard*, les peintres de Louis XIV, puis *La Tour*, si célèbre par ses portraits, *Rigaud* et *Nattier*, dont les œuvres ornent les galeries du Louvre, *Greuze* et *Fragonard*, si prisés à notre époque, la *Rosalba*, dont on recherche si ardemment les admirables pastels, *David*, *Prud'hon* et *Géricault*, trois maîtres immortels.

La sculpture nous montre, après Pillon, une superbe lettre de *Pierre Puget*, et des signatures de *Jacques Sarazin* et de *François Girardon*. Signalons aussi les architectes *De Brosse* et *Mansart*, et les graveurs *Sébastien Leclerc*, *Israël Silvestre* et *Stefano della Bella*.

La série des Compositeurs de musique, quoique moins étendue que celle de feu M. Gauthier-Lachapelle, contient des raretés, comme la cantate de *Scarlatti*, le rondo de *Cimarosa* et le curieux billet de *Rameau*. La lettre de *Mozart*, écrite à l'âge de treize ans, et signée deux fois, est un autographe hors ligne. Plusieurs des pièces sont fort curieuses : *Salieri* donne des détails sur la mort de Gluck ; *Philidor* exprime son mépris pour les cabales des émigrés dirigées, dit-il, par la Reine ; *Cherubini* s'oppose à ce qu'on divulgue son âge, parce que le public dénie l'inspiration et le génie aux vieillards ; *Boieldieu* fait l'éloge de Rossini tout en composant *la Dame Blanche* ; *Bellini* se glorifie de l'heureux succès de *Roméo et Juliette*. La vieille musique française se montre avec *Lully* et *Lambert* ; l'école allemande nous donne *Beethoven*, *Haydn*, *Weber*, *Schubert* et *Mendelssohn*.

Enfin la collection se termine par une série de Voyageurs. C'est là une réunion unique de navigateurs comme *Anson*, *Vancouver*, *Dumont d'Urville*, qui firent le tour du monde, *La Pérouse*, *Cook*, *Blosseville*, *Franklin*, *Bellot*, immortelles victimes de leur amour profond pour la science. Tous les héroïques explorateurs de l'Afrique centrale sont là : *Barth*, *Overweg*, *Baker*, *Speke* et *Livingstone*. Nous n'avons pu cataloguer que les noms les plus illustres, et nous avons laissé en un lot cent cinquante-six lettres. Il serait désirable que la *Société de géographie* fît l'acquisition de cette suite pour ses archives.

Telle est cette collection que, durant quarante années, M. Boilly a laborieusement formée et qu'il n'a pas cessé d'augmenter jusqu'au dernier jour. Plein d'enthousiasme pour les grandes découvertes modernes, il recherchait plus particulièrement, sur la fin de sa vie, les inventeurs et les voyageurs. Peu de temps avant la guerre, il trouva des lettres de Speke, de Livingstone et des Stephenson. Ce fut pour lui une grande joie, nous nous en souvenons. Il suivait pas à pas, pour ainsi dire, les progrès du génie humain; les découvertes, les explorations lointaines, les grandes entreprises n'avaient point de plus fervent adepte. Sa connaissance des langues orientales lui était d'un puissant secours.

M. Boilly n'était pas avare de ses trésors. Il montrait avec une rare libéralité les pièces de sa collection et il a fait de fréquentes et précieuses communications aux *Archives de l'art français* de MM. de Chennevières et de Montaiglon.

Notre tâche est remplie. Un catalogue rédigé avec soin est le suprême hommage rendu à l'amateur. Il appartient maintenant au plus vieil et au plus fidèle ami de M. Boilly de retracer la vie de cet homme de bien qui, sous une rare modestie, cachait un esprit d'élite et une vaste érudition, et dont la mémoire vivra dans le cœur de ceux qui l'ont connu.

ÉTIENNE CHARAVAY.

NOTICE SUR J.-L. BOILLY

Boilly (Julien-Léopold) naquit à Paris en 1796, d'un père qui eut beaucoup de réputation comme peintre de genre à la fin du dix-huitième siècle et au commencement de celui-ci (1).

Placé au lycée de Versailles, où il fit de bonnes études, le jeune Boilly, qui montrait d'heureuses dispositions pour la peinture, en reçut de son père les premières leçons. Entré plus tard dans l'atelier de Gros, il ne tarda pas à se faire remarquer par une certaine habileté de main et par l'extrême facilité avec laquelle il saisissait la ressemblance. Cette aptitude, qui était pour ainsi dire un don de famille, détermina sa vocation.

De 1820 à 1850, il fit, tant au crayon qu'au pastel, le portrait d'un grand nombre de personnages marquants de cette époque et des étrangers de distinction qui visitaient Paris. Sa vogue fut telle, à un moment, que, voulant faire un court voyage dans le midi de la France, où il avait des parents et des amis, il fut forcé d'y séjourner trois mois, pour satisfaire à toutes les demandes de portraits qui lui étaient adressées. Il est vrai que la ressemblance qu'il savait leur donner et la célérité avec laquelle il les exécutait avaient quelque chose de surprenant. Ajoutons que le charme de son entretien et la variété de ses connaissances ne contribuaient pas peu à faire trouver courtes les deux heures

(1) Boilly (Louis-Léopold), né à La Bassée (Nord) en 1761, mourut à Paris en 1845. Il a fait de nombreux tableaux, dont quelques-uns ont eu une grande vogue et qui sont portés aujourd'hui à de hauts prix dans les ventes publiques. Parmi les spirituelles compositions qu'il a laissées se trouve le charmant tableau du Musée représentant *l'Arrivée d'une diligence dans la cour des Messageries.*

de séance qu'il consacrait à chacun de ses clients, dont la plupart sont restés en relation avec lui.

C'est de ce voyage en Languedoc qu'il rapporta de nombreux objets d'art choisis avec goût et que nous avons vus figurer dans la vente qu'il fit en 1869. On y remarquait, entre autres, une précieuse collection de dessins de maîtres et une petite Vierge en ivoire de Germain Pillon, qui fut poussée aux enchères à un prix fort élevé.

De 1822 à 1825, Boilly publia l'*Iconographie des membres de l'Institut de France*. Ce recueil, qui eut un grand succès et dont les livraisons, qui paraissaient chaque mois, étaient impatiemment attendues du public, est épuisé depuis longtemps. Il renferme plusieurs portraits d'hommes de lettres et de savants qui sont devenus d'une grande rareté et fort recherchés des connaisseurs (1).

En 1826, il partit pour l'Italie, dont il visita successivement toutes les provinces, le crayon à la main. A Rome, où il retrouva plusieurs camarades d'atelier, avec lesquels il fit de belles excursions à Pæstum et dans la Sabine, il se lia d'amitié avec Casimir et Germain Delavigne, qui parcouraient cette terre classique des beaux-arts, et visita avec eux la plupart des monuments de la Ville Éternelle. A son retour à Paris, il publia, en un volume in-4°, une série de dessins coloriés représentant les costumes les plus pittoresques de l'Italie, costumes qui malheureusement tendent chaque jour à disparaître.

Rempli d'admiration pour les chefs-d'œuvre qu'il avait vus à Rome et à Florence, il revint à Paris reprendre ses crayons et contribuer par de nombreux dessins à la publication d'ouvrages qui s'éditaient alors.

En 1827, il exposa un tableau représentant : *Des paysans des États du Pape, allant à Rome faire leurs dévotions dans l'année du jubilé de 1825, aperçoivent de loin le dôme de Saint-Pierre.* Ce tableau lui valut une médaille d'or.

(1) Les dessins originaux de cette collection avaient été acquis, il y a quelques années, par la Bibliothèque du Louvre. Ils ont été anéantis dans l'affreux incendie qui détruisit ce riche établissement en 1871.

Le voyage d'Italie, qu'il renouvela d'ailleurs plusieurs fois, avait développé chez lui un goût si sûr et un sentiment si vrai de toutes les écoles, que bien souvent il était consulté sur des originaux douteux par des peintres et par des amateurs distingués, et, quand il avait émis son opinion bien motivée, il était rare qu'on ne se rangeât pas à son avis.

Boilly avait une prédilection passionnée pour deux peintres, Murillo et Prud'hon. Que de voyages n'a-t-il pas entrepris pour aller copier son cher Murillo, soit dans les musées d'Espagne, soit dans ceux de nos provinces ou dans des collections particulières. Son enthousiasme pour ce maître était si connu, que toutes les portes lui étaient ouvertes et que toutes les facilités lui étaient données pour lui en procurer les moyens.

Aussi peut-on dire qu'il possédait dans son atelier, réduites en petite dimension, les copies de la plus grande partie des tableaux du peintre espagnol.

Quant à Prud'hon, dont il a fait un portrait si ressemblant, il avait pour ce peintre un véritable culte. Il le reproduisait avec habileté et s'identifiait si bien avec sa manière, qu'il était parfois bien difficile de distinguer la copie de l'original. Les nombreuses lithographies qu'il a faites des beaux dessins de cet aimable peintre sont très-appréciées des amateurs.

Après avoir parlé de l'artiste, disons un mot de l'homme privé. Boilly avait mis en pratique cette sage maxime : que, pour être heureux, il faut cacher sa vie. D'une extrême simplicité, d'un naturel doux, affectueux, obligeant, d'une conversation vive et enjouée, il se renfermait dans un petit cercle d'amis et n'était jamais plus heureux que quand il se livrait avec eux à de douces et intimes causeries. Outre les bonnes humanités qu'il avait faites, il connaissait plusieurs langues de l'Europe et s'était familiarisé avec celles de l'Orient au point de traduire du persan un poëme que sa modestie seule l'a empêché de publier. On peut dire de cet homme excellent que son âme était le foyer de tous les instincts généreux, et sa mort laissera dans le cœur de tous ceux qui l'ont aimé un souvenir ineffaçable.

COLLECTION

DE

LETTRES AUTOGRAPHES

---

1. **Abd-el-Kader**, le célèbre émir des Arabes.
   Lettre autographe au commandant Desvaux; (château de Pau, 1848), 1 p. in-8, avec traduction française.

2. **Académie française**. 4 pièces.
   DORTOUS DE MAIRAN. P. a. s.; 1752, 3/4 de p. in-8. — LEMIERRE. P. s.; 1780, 1/2 p. in-4°. — PELLISSON-FONTANIER. Sa signature sur une garde de livre. — SAURIN. P. a. s.; 1763, 1/2 p. in-8.

3. **Académie française**. 7 l. a. s.
   Boufflers, *Boyer*, évêque de Mirepoix, *Cabanis*, *Fourier* (le baron), *Nivernois* (le duc de), *Tressan* (le comte de), et *Watelet*.

4. **Académie française**. 25 l. a. s.
   Ampère, *Ballanche*, *Berryer*, 3 let., *Brifaut*, *Dacier*, *Michaud*, *Nisard*, *Pastoret*, *Quélen*, *Rémusat*, *Sicard*, *Suard*, *Destutt de Tracy*, *Villemain*, etc.

5. **Académie française**. 14 l. a. s.
   Broglie (Albert de), *Caro*, *Cousin*, *Droz*, *Janin*, *Littré*, *Loménie*, *Mérimée*, *Montalembert*, *Morellet*, *Ollivier* (Emile), *Royer-Collard*, *Saint-René Taillandier*, et *Sandeau*.

6. **Académie française**. 8 l. a. s.
   Auger, *Bausset* (le cardinal de), *Duval* (Alexandre), *Jay*, *Lévis* (le duc de), *Parseval-Grandmaison*, *Ségur*, et *Villemain*. — Toutes ces lettres, adressées à M. Boilly, contiennent d'intéressants renseignements biographiques.

7. **Adanson** (Michel), célèbre botaniste, membre de l'Institut, n. à Aix (Provence), 1727, m. 1806.

1

L. a. s. à Mgr .....; 13 sept. 1770, 2 p. in-4°.

Remercîments pour la pension de 500 livres accordée à son frère.

8. **Agassiz** (Louis), célèbre naturaliste, n. 1807, m. 1874.

L. a. s. à M. Arnoult; Neufchâtel, 8 juillet 1836, 1 p. in-4°.

9. **Agronomes.** 4 l. a. s. et 2 l. s.

Parmentier, 2 let., *Pictet* (Charles), *Rozier* (l'abbé), et *Turbilly* (le marquis de), 2 l. s.

10. **Aguesseau** (H.-Fr. d'), illustre chancelier de France, n. 1668, m. 1751.

L. a. s. au duc de Penthièvre, 1 p. in-4°. Jolie lettre.

11. **Alamani** (Ludovico), célèbre poëte florentin, un des chefs de la conspiration contre le cardinal Jules de Médicis, depuis Clément VII, réfugié en France où François Ier le combla de faveurs, n. 1495, m. à Amboise, 1556.

L. a. s. à son beau-frère Louis Guichardin, à Florence; « al ba[illegible]io », 25 juin 1521, 1 p. in-fol., trace de cachet. Légère tache d'eau. (*Coll. Succi.*)

Lettre signée *Alamani* et non *Alamanni*, orthographe adoptée dans les biographies.

12. **Aldrovandi** (Ulisse), illustre naturaliste italien, n. 1522, m. 1607.

L. s., en latin, avec la souscript. aut., à un botaniste allemand; Bologne, 15 mars 1574, 1 p. pl. in-fol. (*Coll. Riva.*) — P.

Il se réjouit de l'amour que l'empereur professe pour les plantes et il ne doute pas que le jardin botanique de Vienne ne soit bientôt un des premiers de l'Europe. Envoi de 86 graines.

13. **Alembert** (J.-Fr. Le Rond d'), illustre géomètre et écrivain, de l'Acad. fr., n. 1717, m. 1783.

L. a. s.; Paris, 23 mai 1779, 1 p. in-4°.

14. **Alembert.** L. a. s., 1 p. in-8. Jolie lettre.

15. **Alfieri** (Vittorio), illustre poëte italien, n. 1749, m. 1803.

L. a. s. à M. Gavard, à Pise; Rome, 28 déc. 1782, 1 p. pl. in-8. Taches de rousseur : la feuille de l'adresse est déchirée à moitié. (*Coll. Monmerqué.*)

Remercîments des compliments qu'il lui a adressés sur sa tragédie. — Cette pièce a été reproduite dans l'*Isographie*.

16. **Allione** (Carlo), célèbre botaniste italien, n. 1725, m. 1804.

L. a. s. à J.-F. Seguier, à Vérone; Turin, 25 mars 1752, 3 p. 1/4 in-4°. Lettre scientifique.

17. **Amyot** (Jacques), grand aumônier de France, l'illustre traducteur de Plutarque, n. 1513, m. 1593.

P. s., sur vélin; Saint-Germain-en-Laye, 18 février 1561, 1 p. in-4° oblong.

Il certifie que Me Pierre Ladvocat, chantre de la chapelle de musique de Sa Majesté, a servi durant le quartier de juillet, août et septembre, au lieu de Me Mathieu Morillot, aussi chantre de ladite chapelle.

18. **Angennes** (Julie-Lucine d'), duchesse de Montausier, femme célèbre par sa grâce et par son esprit et pour laquelle fut composée la *Guirlande de Julie,* n. 1607, m. 1671.

P. s., sig. aussi par sa mère et sa sœur; hôtel de Rambouillet, 1er sept. 1653, 5 p. in-fol.

19. **Argenville** (Ant.-Jos. Dezallier d'), naturaliste, écrivain sur les arts, auteur de l'*Abrégé de la vie des peintres,* n. 1680, m. 1765.

L. a. s. à une dame; Villebon, 5 nov. 1747, 1 p. in-4°. Jolie lettre. Légères déchirures dans un angle.

20. **Ariosto** (Ludovico), l'illustre auteur de l'*Orlando furioso,* n. 1474, m. 1533.

L. a. s. à son ami Blossio Palladio, à Rome; Ferrare, 26 juillet 1530, 1/2 p. in-fol., fragment de cachet. Fortement tachée d'eau : une coupure dans un angle n'atteignant pas le texte. (*Coll. Succi.*) — P.

Précieuse pièce. Il est en bonne santé et assez tranquille, sauf quelques ennuis qu'il éprouve pour avoir été assez mal servi dans l'expédition de ses bulles.

21. **Arnauld d'Andilly** (Robert), illustre solitaire de Port-Royal, n. 1589, m. 1674.

L. a. s. au maréchal de Brézé; Landau, dimanche, 1 p. in-4°. Curieuse.

22. **Astronomes.** 21 l. a. s.

Lalande, 2 let., *Le Monnier*, *Leverrier*, *Littrow* père et fils, *Luther*, *Méchain*, *Messier*, *Oriani*, *Pingré*, *Plana*, *Rochon*, *Savary*, *Valz*, *Zach*, etc.

23. **Astronomes.** 21 l. a. s.

Airy, 2 let., *Arago* (Fr.), *Bode*, *Bond*, *Bouvard*, *Burckhardt*, *Cagnoli*, *Delambre*, 2 let., *Delaunay* (Ch.), *Encke*, *Goldschmidt*, etc.

24. **Audubon** (John), naturaliste américain, auteur d'un magnifique ouvrage sur les oiseaux d'Amérique, n. 1780, m. 1851.

L. a. s., en français, à d'Orbigny; Paris, 14 oct. 1828, 2 p. 1/2 in-4°.

Il donne des renseignements sur ce qu'il a fait depuis vingt ans qu'il n'a pas vu d'Orbigny. Maintenant il est venu en Europe pour publier son grand travail sur les oiseaux d'Amérique. Il explique les conditions de cette importante publication qui se fait à Londres. Il a 190 abonnés, et il est venu en chercher à Paris, mais jusqu'ici il n'a pu obtenir que l'Institut, Cuvier, le prince Masséna et le duc d'Orléans.

25. **Auteurs dramatiques,** membres de l'Académie française. 7 l. a. s.

Augier, Collin d'Harleville, Dumas fils, *Empis, Etienne, Roger*, et *Scribe*.

26. **Azeglio** (Massimo d'), célèbre peintre, littérateur et homme d'état italien.

L. a. s.; Cernobbio, 26 août 1833, 2 p. in-4°.

Prié d'écrire un article, il s'en excuse, étant plus disposé à manier le pinceau que la plume.

27. **Bacon** (François), chancelier d'Angleterre, illustre philosophe, n. 1560, m. 1626.

P. s.; Whitehall, 20 nov. 1618, 1 p. in-fol. Belle pièce.

28. **Bailly** (J.-S.), astronome et écrivain, de l'Acad. fr., premier maire de Paris, n. 1736, décapité en 1793.

L. a. s.; 16 juin 1779, 1 p. 1/2 in-4°. — P.

Relative à la fermeture de la galerie de Rubens au Louvre.

29. **Baluze** (Etienne), célèbre généalogiste, bibliothécaire de Colbert, n. 1630, m. 1718.

L. a. s., en latin, à Grævius; Paris, veille des ides de mars 1687, 1 p. 1/4 in-4°.

30. **Balzac** (Honoré de), le grand romancier, n. 1799, m. 1850.

L. a. s. à l'imprimeur Fournier; (Paris, 4 janv. 1836), 1 p. 1/2 in-8.

Relative aux poursuites qu'il va exercer contre MM. Buloz et Fournier pour la publication du *Lys dans la vallée*, faite dans la *Revue étrangère*, à Saint-Pétersbourg, avant que ce roman parût à Paris.

31. **Barbier** (Auguste), poëte, l'auteur des *Iambes*, de l'Acad. fr., n. 1805.

L. a. s. à Mme Braccini; Paris, 20 juin 1838, 1 p. 1/4 in-8.

Relative à la mort de sa mère.

32. **Baro** (Balthasar), poëte dramatique, secrétaire d'Honoré d'Urfé, membre de l'Acad. fr., n. à Valence, 1600, m. 1650.

Quittance sig., sur vélin, avec une ligne autographe, comme *gentilhomme servant de Sa Majesté;* 15 décembre 1648, 1 p. in-8 oblong. *Très-rare*. (*Coll. Capelle.*)

33. **Baronius** (le cardinal César), célèbre historien, auteur des *Annales ecclésiastiques*, n. 1538, m. 1617.

L. a. s. au P. Sirmond; Ferrare, 28 juillet 1598, 1 p. pl. in-fol., cachet. (*Coll. Gauthier-Lachapelle.*) — P.

34. **Barthélemy** (l'abbé J.-J.), l'auteur du *Voyage du jeune Anacharsis en Grèce,* n. 1716, m. 1795.

L. a. s.; Chanteloup, 11 juillet 1777, 2 p. in-4°.

Relative à un achat de médailles.

35. **Baudelaire** (Charles), poëte, auteur des *Fleurs du mal,* traducteur d'Edgar Poë.

L. a. s. à Poulet-Malassis; 15 juin 1857, 1 p. in-8.

36. **Bauhin** (Jean), célèbre médecin et naturaliste, n. 1541, m. 1613.

P. s., avec 2 lignes autographes; 9 septembre 1575, 1/2 p. in-4°.

Reçu de 15 francs 5 gros pour des médailles cédées au duc de Wirtemberg.

37. **Bayen** (Pierre), célèbre chimiste, émule de Lavoisier, membre de l'Institut, n. 1725, m. 1798.

L. a. s. à M. Charlard; 14 novembre, 1 p. in-4°.

38. **Bayle** (Pierre), illustre critique et philosophe, n. 1647, m. 1706.

L. a. s. (à Fontenelle); 19 mars 1699, 2 p. in-8.

Il félicite Fontenelle de sa nomination comme secrétaire perpétuel de l'Académie des Sciences, et lui indique un livre où il trouvera des renseignements pour l'histoire des Académies.

39. **Beaumarchais** (P.-Aug. Caron de), l'auteur du *Mariage de Figaro,* n. 1732, m. 1799.

Minute de lettre aut. sig. à MM. les correcteurs, à Kehl; 29 mai 1786, 2 p. in-4°.

Il les engage à se soumettre au règlement qu'il leur a envoyé.

40. **Bembo** (le cardinal Pierre), un des écrivains les plus illustres du siècle de Léon X, n. 1470, m. 1547.

Bref de Léon X signé par Bembo, secrétaire de ce pontife; Rome, 17 avril 1514, 1/2 p. in-fol. oblong, fragment de cachet.

41. **Benserade** (Isaac de), célèbre poëte et bel esprit, de l'Acad. fr., n. 1613, m. 1691.

P. s., sur vélin; Paris, 11 février 1664, 1 p. in-8 oblong. *Rare.* (*Coll. Villenave.*)

Reçu de 600 livres tournois pour avoir « travaillé à diverses œuvres pour le service de Sa Majesté. » (On sait que Benserade était chargé de faire les vers des ballets de la cour.)

42. **Béranger** (P.-J. de), célèbre chansonnier, n. 1780, m. 1857.

1° L. a. s. à M. Guernu; (1834), 2 p. in-8. — 2° L. a. s. à Mme Babois; 29 janvier 1828, 3 p. in-8.

Très-jolie lettre de compliments sur son recueil de poésies.

43. **Bernis** (le cardinal de), poëte et bel esprit, de l'Acad. fr., n. 1715, m. 1794.

L. a. s. à une dame; Rome, 28 mars 1786, 1 p. in-4°. Jolie lettre.

44. **Bernoulli** (Jean), célèbre géomètre, de l'Acad. des Sciences, n. 1667, m. 1748.

L. a. s. à un savant; Bâle, 7 déc. 1723, 4 p. pl. in-4°.
Très-intéressante lettre scientifique.

45. **Berquin** (Arnaud), écrivain moraliste, auteur de *l'Ami des enfants*, n. 1749, m. 1791.
L. a. s., 1 p. in-4° oblong.
Cette lettre, qui n'a que cinq lignes, est collée sur une feuille de papier.

46. **Berzelius** (le baron Jacques), illustre chimiste suédois, n. 1779, m. 1848.
L. a. s., en français, à Vauquelin; Stockholm, 1er déc. 1810, 1 p. in-4°.
Envoi du 3e volume de ses traités de physique, de chimie et de minéralogie.

47. **Bessel** (Friedrich-Wilhelm), célèbre astronome allemand, n. 1784, m. 1846.
L. a. s., en français, à Bouvard; Kœnigsberg, 20 nov. 1831, 1 p. 1/2 in-4°.
Relative à ses travaux scientifiques.

48. **Beyle** (Henri), dit *Stendhal*, l'auteur de *la Chartreuse de Parme*, n. 1783, m. 1842.
1° Billet de 3 lignes aut. sig. à M. Gonsolin; 1828, 1/2 p. in-4°. — 2° L. aut. au même; Isola bella (îles Borromée), 17 janvier 1828, 3 p. 1/2 in-4°.
Très-intéressante lettre humoristique sur son voyage en Italie.

49. **Beyle**. L. aut., sig. *Cotonet*, à M. Gonsolin; 10 février (1829), 1 p. 1/2 in-4°.
On va jouer le *Henri III* de M. Dumas, mais c'est encore Henri III à la Marivaux. M. Hugo n'a pas de succès réel avec les *Orientales*. Quant au *Dernier jour d'un condamné*, cet ouvrage fait horreur.

50. **Bèze** (Théodore de), illustre réformateur et poëte, successeur de Calvin, n. 1519, m. 1605.
P. s., avec deux lignes autographes; (Genève), 21 nov. 1564, 1 p. in-4° oblong. Taches d'eau et de rousseur.
Reçu de ses appointements comme ministre de la parole de Dieu, en bas d'un mandement des syndics et conseil de Genève.

51. **Bichat** (Xavier), illustre anatomiste, l'auteur des *Recherches physiologiques sur la vie et la mort*, n. 1771, m. 1802.
Billet de 4 lignes aut. sig., 1/2 p. in-4°.
Pièce très-rare, mais fortement tachée d'huile.

52. **Blanchard** (François), célèbre aéronaute, n. 1738, m. 1809.
L. a. s. au gouverneur de Barcelone; Barcelone, 23 oct. 1805, 1 p. in-4°, tête impr.
Il fera volontiers une expérience aérostatique à Barcelone.

Blanchard (Marie-Mad.-Sophie Armant), femme du précédent et, comme lui, célèbre aéronaute, n. 1778, m. par accident, 1819.

L. a. s. à M. Lebau, 2 p. 1/2 in-4°. Curieuse.

53. **Boerhaave** (Hermann), illustre médecin, n. 1668, m. 1738.
L. a. s., en latin, à François Cornaro; Leyde, 7 avril 1718. 1/2 p. in-4°, cachet. Jolie pièce.

54. **Boileau-Despréaux** (Nicolas), l'illustre poëte satirique, n. 1636, m. 1711.
Réponse à M. Le Verrier sur les vers qu'il a placés au bas de mon portrait, pièce de vers aut. sig., 1 p. pet. in-4°. (*Coll. Lalande.*)

55. **Bollandus** (Jean), célèbre hagiographe, l'auteur du Recueil des *Acta sanctorum*, n. 1596, m. 1665.
L. a. s., en latin, au P. Petau; Anvers, 18 juin 1648, 1 p. in-fol., cachet. Très-belle pièce. (*Coll. Solar.*)

56. **Bonaparte**, général de l'armée de l'intérieur.
P. sig. *Buonaparte;* Paris, 28 vendémiaire an IV, 1 p. 1/4 in-fol.
Il déclare que le lieutenant Chambon s'est rendu en armes auprès de la Convention nationale dans les journées des 12, 13 et 14 vendémiaire.

57. **Bonaparte**, général en chef de l'armée d'Italie.
L. s. à la commission administrative du Mantouan; Mantoue, 15 ventôse an V, 1/2 p. in-fol., vig. et tête impr.

58. **Bonaparte**, général en chef de l'armée d'Egypte.
L. s. au cit. Fourier; le Caire, 10 messidor an VII, 1 p. in-fol., tête impr. Une tache d'huile.

59. **Bonarelli** (Guidubaldo), célèbre poëte italien, auteur de la pastorale *Filli di Sciro*, n. 1563, m. 1608.
L. a. s.; 20 nov. 1604, 2 p. in-fol. (*Coll. Succi.*)
Relative à sa pastorale.

60. **Bonnard** (le chevalier Bernard de), poëte distingué, n. 1744, m. 1784.
Pièce de vers autographe; Harcourt, 20 août, 2 p. in-8. (*Coll. Duplessis.*)

61. **Bonnet** (Charles), célèbre naturaliste et philosophe, n. à Genève, 1720, m. 1793.
L. s. à un savant; Genève, 15 janv. 1748, 3 p. 1/2 in-4°.
Intéressante lettre scientifique.

62. **Bosc** (L.-Aug.-Guil.), célèbre naturaliste, ami de Mme Roland dont il publia les *Mémoires*, n. 1759, m. 1828.
L. a. s. à Broussonet; Paris, 9 germinal an IV, 7 p. in-4.
Il raconte sa conduite sous le régime de la Terreur, ses visites aux prisonniers, le refuge qu'il offrit à des proscrits, entre autres à Roland, sa nomination comme directeur des postes, etc. Il parle ensuite de la fille de Roland, dont il était le tuteur. « Elle m'est tendrement attachée et annonce les plus intéressantes dispositions. Aussi ne puis-je plus me deffendre de répondre à son vœu et de la prendre pour femme, malgré la disproportion de nos âges. » Rien d'intéressant

à l'Institut, sauf un zoologiste arrivé de Normandie, Cuvier, qui fouille dans les dépôts du Muséum d'histoire naturelle.

63. **Boscovich** (le Père Roger), célèbre astronome italien, n. 1711, m. 1787.

L. a. s., en français; Paris, 28 mai 1782, 2 p. in-4°. Belle lettre.

64. **Bossuet** (J.-B.), l'illustre évêque de Meaux, n. 1626, m. 1704.

L. a. s. à Mme d'Albert de Luynes; Meaux, 3 juillet 1695, 1 p. pl. in-4°.

Il verra la version de la préface des Psaumes. « Je n'ay garde d'estre contraire à l'oraison de quiétude que j'ay si expressément approuvée, pourveu qu'on ne l'outre pas comme on fait si souvent les bonnes choses. »

65. **Botanistes.** 19 l. a. s.

Banks, Buchoz, Candolle (Pyramus de), *Cavanilles, Desfontaines, Jacquin, La Billardière, Lamarck, Lhéritier*, etc.

66. **Botanistes.** 22 l. a. s.

Martius, Palisot de Beauvois, Persoon, Picot de Lapeyrouse, Salzmann, Sloane (Hans), *Thouin, Tilesius, Treviranus, Willemet*, etc.

67. **Bouquet** (Dom Martin), savant bénédictin, premier éditeur du recueil des *Historiens de France*, n. 1685, m. 1754.

L. a. s. à l'abbé Jourdain; Paris, 12 août 1738, 1 p. 1/4 in-4°.

68. **Brown** (Robert), un des plus célèbres botanistes de l'Angleterre, n. 1773, m. 1858.

L. a. s. à Jomard; 14 avril 1815, 1 p. in-fol. Rognée sur un côté.

69. **Brunel** (Marc-Isambart), célèbre ingénieur auquel Londres doit le tunnel sous la Tamise, n. 1769, m. 1844.

L. a. s.; 25 sept. 1829, 1 p. in-8.

70. **Buffon** (le comte de), illustre naturaliste et écrivain, n. 1707, m. 1788.

L. a. s. à De l'Isle; Montbard, 2 oct. 1747, 1 p. pl. in-4°, cachet.

Belle lettre de félicitation sur son heureux retour.

71. **Buffon.** L. s. à M. Hébert; jardin du Roi, 15 mai 1781, 2 p. 1/2 in-4°. Jolie lettre.

72. **Buffon.** 1° L. s.; 1777, 1/2 p. in-4°. — 2° L. s.; 1781, 1/2 p. in-4°.

73. **Bulwer** (Edward Lytton-), célèbre romancier anglais, n. 1805, m. 1874.

The gist of the Sylphs to the rose, pièce de vers autographe, 2 p. in-4°. (*Coll. Hervey.*)

Jolie pièce qui est, dit-on, *inédite*.

74. **Burger** (Gottfried-August), poëte allemand, célèbre par ses *Ballades*, n. 1748, m. 1794.

L. a. s., 2 p. in-fol. Belle pièce.

75. **Byron** (lord), l'illustre poëte anglais, n. 1788, m. 1824.

Pièce de vers autographe, avec une note en prose, 1 p. 1/2 in-4°.

C'est un fragment complet d'une satire. Byron y célèbre la mémoire du poëte Henry Kirke White, mort tout jeune en 1806. — Cette curieuse pièce a été donnée à M. Boilly par Charles Dallas, ami de Byron.

76. **Calmet** (Dom Augustin), le savant historien de la Lorraine, n. 1672, m. 1757.

L. a. s. à M. Cognel; 1er nov. 1748, 2 p. in-4°.

77. **Calvin** (Jean), illustre réformateur et écrivain, n. 1509, m. 1564.

Reçu de 5 petites lignes aut. sig. au bas d'une lettre des syndics et conseil de Genève; 22 décembre 1555, 1 p. in-4°. Très-légère tache.

Reçu de 125 florins pour son gage de premier ministre de la cité de Genève.

78. **Campbell** (Thomas), célèbre poëte anglais, n. 1777, m. 1844.

L. a. s.; Liverpool, 14 janv. 1819, 2 p. in-4°.

79. **Camus** (Ch.-Et.-L.), mathématicien, envoyé en Norvége pour déterminer l'aplatissement des pôles, n. à Crécy (Brie), 1699, m. 1768.

L. a. s.; Paris, 26 mars 1763, 2 p. in-4°. (*Coll. Gauthier-Lachapelle.*)

Relative à l'école d'artillerie de La Fère.

80. **Casaubon** (Isaac), célèbre théologien calviniste, bibliothécaire de Henri IV, n. à Genève, 1559, m. 1614.

L. a. s., en latin, 1 p. in-4°.

81. **Cassini** (J.-Dom.), grand astronome, créateur de l'Observatoire de Paris, n. 1625, m. 1712.

L. a. s. à Picard; Paris, 24 décembre 1671, 3 p. in-4°, cachet brisé.

Très-intéressante lettre astronomique.

82. **Casti** (l'abbé G.-B.), célèbre poëte italien, auteur des *Animaux parlants*, n. 1721, m. 1803.

L. a. s., en français, à M...., à Paris; Pise, 6 juillet 1797, 4 p. pl. in-4°. — P.

Très-curieuse lettre sur le projet d'une édition de ses *Œuvres*, à Paris. Il parle surtout de ses *Apologues politiques et critiques*, « chef-d'œuvre en poésie italienne unique en son genre, » et d'autant plus curieux que personne mieux que lui, Casti, ne connaît les cours de l'Europe qu'il a visitées pendant plus de quarante ans. Pour surveiller cette édition, Casti viendra séjourner à Paris, si un libraire consent à lui faire pendant le temps nécessaire à la confection de ladite édition une pension annuelle de 200 ducats. (Casti vint à Paris où il mourut en 1803.)

83. **Cavendish** (Henry), célèbre physicien et chimiste anglais, n. 1731, m. 1810.

L. a. s. à Lacroix; 11 février 1803, 1/2 p. in-4°. *Rare.*

Relative à sa nomination de membre associé de l'Institut de France.

84. **Cazalès** (Jacques de), célèbre orateur de l'Assemblée constituante, n. 1758, m. 1805.

L. a. s.; Londres, 26 août 1797, 1 p. in-4°.

Demande de la croix de Saint-Louis. — On y a joint une lettre autographe de Louis XVIII au comte de La Chapelle, 1/4 de p. in-8, dans laquelle il accorde la croix de Saint-Louis à Cazalès.

85. **Cesalpino** (Andrea), illustre savant italien, qui devança Harvey dans la découverte de la circulation du sang et Linné dans celle du sexe des plantes, n. 1519, m. 1603.

L. a. s. à Baccio Valori, à Florence; Pise, 7 fév. 1590, 1 p. in-fol., trace de cachet. Taches d'eau. *Très-rare.*

Il se plaint que le docteur Verino, dans un ouvrage dédié à Baccio Valori, insinue que, lui, Césalpin, est hérétique en philosophie, en médecine et en logique.

86. **Cessart** (L.-Alex. de), célèbre ingénieur qui dirigea les travaux du port de Cherbourg, n. 1719, m. 1806.

L. a. s. à M. de La Millière; Cherbourg, 15 juin 1784, 1 p. in-4°.

87. **Chamfort** (Séb.-Roch-Nic.), célèbre littérateur et poëte, de l'Acad. fr., n. 1741, m. 1794.

L. aut. à Mme Panckoucke, 1 p. in-8. Charmante épître.

88. **Champollion** (J.-Fr.), dit *le jeune,* l'illustre interprète des hiéroglyphes, n. 1790, m. 1832.

L. a. s. au baron...; Paris, 5 juin 1828, 3/4 de p. in-fol.

Relative à son départ pour l'Egypte.

89. **Chappe d'Auteroche** (l'abbé Jean), astronome, qui observa le passage de Vénus sur le soleil à Tobolsk, en 1761, n. à Mauriac (Auvergne), 1722, m. en Californie, 1769.

L. a. s. (à M. de Fourchy); Paris, 2 oct. 1760, 3 p. in-4°.

Son départ pour Tobolsk est décidé. Il le prie de le recommander à l'Académie de Pétersbourg. La France n'entre dans aucune dépense pour le temps qu'il passera en Sibérie.

90. **Charles IX**, roi de France, n. 1550, m. 1574.

L. s., avec la souscript. aut., à son frère le roi de Pologne (Henri III); Fontainebleau, 30 mai 1573, 1/2 p. in-fol., trace de cachet. Déchirures dans les angles.

Relative à des faveurs à accorder à des gentilshommes de la cour du roi de Pologne.

91. **Charles X**, roi de France, n. 1757, m. 1836.

L. a. s. au comte de La Chapelle; Edimbourg, 23 mars 1799, 2 p. in-4°.

La reprise des hostilités l'empêche de se rendre à Mittau pour assister au mariage de son fils (le duc d'Angoulême avec la fille de Louis XVI). « Ce n'est pas le premier sacrifice que je fais à mon devoir et probablement ce ne sera pas le dernier. »

92. **Charles** (J.-Alex.-César), physicien et aéronaute célèbre, membre de l'Institut, n. 1746, m. 1823.

L. a. s. à M. Boilly; Paris, 20 oct. 1820, 1/2 p. in-4°.

93. **Chastellux** (Fr.-J., marquis de), général et écrivain, de l'Acad. fr., n. 1734, m. 1788.

L. a. s. au chevalier de Romanet; Paris, 12 janv. 1786, 1 p. 1/2 in-4°, cachet. Jolie lettre.

94. **Chaulieu** (Guillaume Amfrye, abbé de), célèbre poëte lyrique, surnommé l'*Anacréon du Temple,* n. 1639, m. 1720.

Pièce de vers autographe, 1/2 p. in-4° oblong.

95. **Chénier** (André de), l'illustre poëte, n. 1762, décapité en 1794.

Pièce de vers aut. sig., au crayon ; Londres, décembre 1782, 1 p. in-8 oblong.

Ces vers, adressés au comte de La Luzerne, ambassadeur de France à Londres, sont écrits sur une garde arrachée à un volume appartenant à ce diplomate. Voici les quatre premiers :

Sans parents, sans amis et sans concitoyens,
Oublié sur la terre et loin de tous les miens,
Par les vagues jeté sur cette île farouche
Le doux nom de la France est souvent sur ma bouche.

96. **Chénier** (M.-J. de), poëte dramatique, de l'Acad. fr., frère du précédent, n. 1764, m. 1811.

L. a. s. ; 28 déc. 1789, 3/4 de p. in-8.

Relative à une de ses tragédies.

97. **Chiari** (Pietro), poëte italien, rival de Goldoni, m. 1788.

L. a. s., 2 p. in-fol. Belle pièce.

98. **Chicoyneau** (François), premier médecin de Louis XV, qui s'illustra par son dévouement, lors de la peste de Marseille, en 1720, n. 1672, m. 1752.

P. a. s.; Montpellier, 4 sept. 1728, 1 p. in-4°.

99. **Chimistes.** 9 l. a. s.

Berthollet, 2 let., *Bouguer, Chaptal, Fourcroy, Guyton de Morveau,* 2 let., et *Vauquelin,* 2 let.

100. **Chimistes.** 19 l. a. s.

Balard, Chevreul, D'Arcet, Dulong, Dumas, 2 let., *Frémy, Gay-Lussac,* 2 let., *Liebig, Magnus, Orfila, Péligot,* 2 let., *Pelouze, Raspail, Rose,* et *Thenard,* 2 let.

101. **Cibot** (P.-M.), savant jésuite et missionnaire en Chine, n. 1727, m. 1780.

L. a. s.; Péking, 17 oct. 1777, 6 p. 1/2 in-4°.

Très-intéressante lettre sur ses travaux.

102. **Clairaut** (Al.-Cl.), célèbre géomètre, n. 1713, m. 1765.

L. a. s. à Mairan; Paris, 9 juin 1740, 3 p. in-4°, cachet. — P.

Lettre scientifique ornée de figures géométriques.

103. **Colardeau** (Ch.-Pierre), poëte dramatique, de l'Acad. fr., n. 1732, m. 1776.

L. a. s. à son oncle le curé Regnard; 31 mai 1759, 1 p. in-4°.

104. **Coleridge** (Samuel Taylor), célèbre poëte anglais, n. 1772, m. 1834.

L. a. s. à M. Cottle; novembre 1813, 1 p. in-4°. Rognée dans le bas.

105. **Commerson** (Philibert), célèbre naturaliste, compagnon de Bougainville, n. 1727, m. 1773.

L. a. s. au docteur Gérard; (Montpellier, avant 1766), 3 p. in-4°.

Belle lettre scientifique.

106. **Comte** (Auguste), célèbre philosophe, le chef du *positivisme*, n. 1798, m. 1857.

L. a. s. à M. Bachelier; 1840, 1/4 de p. in-8.

107. **Condé** (Louis-Joseph de Bourbon, prince de), le chef de l'armée qui porte son nom, n. 1736, m. 1818.

7 l. a. s. (au comte de La Chapelle); 1797-1800, 10 p. in-4°.

Demandes de grâces pour des officiers de son armée.

108. **Condillac** (l'abbé Etienne Bonnot de), célèbre métaphysicien, de l'Acad. fr., n. 1715, m. 1780.

L. a. s. (au duc de Nivernois); Parme, 26 décembre, 3 p. in-4°.

Intéressante lettre sur l'éducation de l'infant de Parme.

109. **Condorcet** (le marquis de), célèbre philosophe et écrivain, de l'Acad. fr., n. 1743, m. 1793.

L. a. s. à l'abbé Cotte; 4 mai, 1/2 p. in-8.

110. **Conté** (Nicolas-Jacques), célèbre chimiste et mécanicien, inventeur des crayons qui portent son nom, n. 1755, m. 1803.

L. a. s. au cit. Dumotier; Paris, 28 fructidor an X, 3/4 de p. in-8. *Rare.*

111. **Cooper** (James-Fenimore), célèbre romancier américain, n. 1789, m. 1851.

1° L. a. s., en français, à M. Chalamet, 1/2 p. in-4°. — 2° Portrait de Cooper, dessiné d'après nature par M. Boilly, et signé, in-18.

112. **Corneille** (Thomas), frère de Pierre, célèbre poëte dramatique, de l'Acad. fr., n. 1625, m. 1709.

Quittance sig., sur vélin; Paris, 6 nov. 1665, 1 p. in-fol. oblong.

113. **Cottin** (Sophie), célèbre romancière, n. 1773, m. 1807.

1° L. a. s. à Mme Bigand; Paris, 7 ventôse, 2 p. in-8. — 2° L. a. s. à la même; Paris, 12 ventôse, 2 p. 1/4 in-8. Déchirée au-desous de la signature.

114. **Coulomb** (Ch.-Aug. de), célèbre physicien, membre de l'Institut, n. à Angoulême, 1736, m. 1806.

Sa signature sur une feuille de présence de l'Institut; 5 thermidor an V, 2 p. in-fol.

Cette pièce porte les signatures de 75 autres membres de l'Institut, entre autres *Ducis, Gossec, Houdon, Laplace, Lagrange, Pajou, Roland, Lalande*, etc.

115. **Couplet** (Claude-Antoine), célèbre mathématicien et ingénieur hydraulicien, membre de l'Acad. des Sciences, n. 1642, m. 1722.

L. a. s.; 24 nov. 1712, 1 p. pl. in-8.

116. **Courier** (Paul-Louis), célèbre helléniste et écrivain, n. 1772, m. 1825.

L. a. s.; Paris, 4 avril 1819, 1 p. in-4°.

Il demande une audience, car les persécutions dont il se plaint continuent avec plus de violence.

117. **Crébillon** (Prosper Jolyot de), célèbre poëte tragique, de l'Acad. fr., n. 1674, m. 1762.

Sa signature, avec une ligne autographe, sur la dernière feuille d'une pièce de vers; 4 fév. 1747, 1/2 p. in-4°.

118. **Crébillon** (Cl.-Prosper Jolyot de), fils du précédent, romancier, auteur du *Sopha*, n. 1707, m. 1777.

L. a. s. à La Beaumelle; Saint-Germain, 21 fév. 1755, 1 p. 1/2 in-4°, cachet.

Relative à la mort de Montesquieu. « Tout le monde y perd un grand homme que l'on ne remplacera pas. »

119. **Créquy** (la marquise de), une des femmes les plus spirituelles de son temps, n. 1714, m. 1803.

P. a. s.; 1793, 1 p. in-4°.

120. **Crescimbeni** (J.-M.), célèbre poëte et critique italien, fondateur de l'Académie des Arcades, n. 1663, m. 1728.

L. a. s. à Pierre Cauneti; Rome, 14 juin 1710, 1 p. in-4°. (*Coll. Succi.*)

121. **Cuvier** (Georges), illustre naturaliste et écrivain, n. 1769, m. 1832.

L. a. s. au président du département de la Seine; Paris, 26 nivôse an IV, 1 p. in-4°.

Il accepte avec reconnaissance la place de professeur d'histoire naturelle aux écoles centrales du département de la Seine.

122. **Daguerre** (L.-J.-M.), un des inventeurs de la photographie, n. 1789, m. 1851.

L. a. s. au peintre Granet; Paris, 20 fév. 1834, 1 p. in-4°.

123. **Dalton** (John), grand physicien et chimiste anglais, n. 1766, m. 1844.

L. a. s. à Cuvier; Manchester, 11 mai 1825, 1 p. in-4°. Belle lettre.

124. **Dangeau** (Philippe de Courcillon, marquis de), l'auteur du *Journal* qui porte son nom, membre de l'Acad. fr., n. 1638, m. 1720.

P. s.; Tournay, 7 juin 1668, 1 p. in-4° oblong, cachet.

125. **Darwin** (Charles), le célèbre naturaliste anglais.

L. a. s., 1 p. in-8.

126. **Daubenton** (L.-J.-M.), célèbre anatomiste, membre de l'Institut, n. 1716, m. 1800.

L. a. s. à Mgr .....; jardin du Roi, 11 sept. 1788, 2 p. in-4°.

127. **Davy** (Humphry), illustre chimiste anglais, n. 1778, m. 1829.

L. s. (à Vauquelin); Londres, 5 août 1810, 4 p. gr. in-fol.

Très-intéressante lettre où il parle de sa découverte du *potassium* et du *sodium*.

128. **Davy**. L. a. s., en français, 1 p. 1/2 in-4°.

129. **Delarbre** (Antoine), célèbre médecin et naturaliste, auteur de la *Flore d'Auvergne*, n. à Clermont, 1722, m. 1811.

L. a. s. à Gault de Saint-Germain; Clermont, 23 messidor an XIII, 1 p. 1/2 in-4°. Très-légère tache.

Relative à sa notice sur l'ancien royaume des Auvergnats.

130. **Delavigne** (Casimir), poëte dramatique, de l'Acad. fr., n. 1793, m. 1843.

1° 4 vers aut. sig., 1 p. in-8 oblong. — 2° L. a. s. à M. Boilly; 2 avril 1825, 1 p. in-8.

Il déclare qu'il est né au Havre le 4 avril 1794 (les biographes disent 1793).

3° Portrait original dessiné par M. Boilly.

131. **Delille** (l'abbé Jacques), célèbre poëte et traducteur, de l'Acad. fr., n. **1738**, m. **1813**.

Reçu aut. sig.; Paris, 18 juillet 1782, 1/4 de p. in-4°.

132. **De l'Isle** (Jos.-Nic.), célèbre astronome, n. **1688**, m. 1768.

L. a. s.; Pétersbourg, 16-27 octobre 1739, 8 p. in-4°.

Très-intéressante lettre astronomique.

133. **De l'Isle de La Croyère** (Louis), frère du précédent, habile astronome, m. dans son voyage au Kamtchatka, **1741**.

L. a. s. à sa sœur; Yakoutsk, 8 janv. 1737, 3 p. 1/2 in-4°.

Intéressante lettre.

134. **Desault** (Pierre-Joseph), illustre chirurgien et anatomiste, maître de Bichat, n. **1744**, m. **1795**.

P. a. s.; Hôtel-Dieu de Paris, 25e jour du 1er mois de la République, 3 p. pl. in-fol. *Rare.*

Relative aux changements projetés et exécutés en partie dans les bâtiments de l'hôtel national des militaires invalides.

135. **Desbordes-Valmore** (Marceline), célèbre femme poëte, n. 1787, m. **1859**.

1° L. a. s. au comte de Forbin; 1825, 1 p. 1/4 in-4°. — 2° *L'Ange Gardien*, pièce de vers aut. sig., 3 p. 1/4 in-4°.

136. **Deshoulières** (Antoinette-Thérèse), poëte, dont les œuvres ont été publiées à la suite de celles de sa mère, n. **1662**, m. 1718.

Quitt. sig., sur vélin; 13 juillet 1698, 1 p. in-8 oblong.

137. **Desportes** (Philippe), célèbre poëte du XVIe siècle, surnommé le *Tibulle français*, n. **1545**, m. **1606**.

P. s.; Paris, 28 mars 1601, 1/4 de p. in-4°. (*Coll. Monmerqué.*)

M. Monmerqué considérait cette pièce comme autographe, mais nous ne la croyons que signée.

138. **Destouches** (Philippe Néricault), célèbre poëte comique, de l'Acad. fr., n. **1680**, m. **1754**.

L. a. s. (à Titon Du Tillet); Fortoiseau, 17 juin 1740, 2 p. 1/2 in-4°.

Relative à Desforges-Maillard.

139. **Dickens** (Charles), célèbre romancier anglais, n. **1812**, m. 1870.

L. a. s. à M. Horace Smith; Londres, 19 juillet 1842, 1 p. 1/2 in-8. Curieuse. Pièce montée. (*Coll. Hervey.*)

140. **Diderot** (Denis), le célèbre philosophe, n. **1713**, m. **1784**.

L. a. s.; Paris, 7 avril 1759, 1/2 p. in-4°

Il proteste qu'il n'est pas l'auteur d'une brochure intitulée : *Mémoire pour Abraham Chaumeix.*

141. **Dolomieu** (Déodat de), célèbre géologue et minéralogiste, n. 1750, m. 1801.

L. a. s. (au général Dugua); le Caire, 21 nivôse an VII, 1 p. 1/4 in-4°.

Annonce de son départ pour la France.

142. **Dombey** (Joseph), savant et infortuné botaniste, n. 1742, m. dans les prisons de Mont-Serrat, 1793.

L. a. s. au comte d'Angivillier; Cadix, 22 mars 1785, 1 p. 3/4 in-fol.

Annonce de son départ de Cadix pour Madrid.

143. **Dorat** (Cl.-Jos.), poëte, le chef de l'école maniérée sous Louis XV, n. 1734, m. 1780.

L. a. s. à Mérard de Saint-Just, 1 p. in-8. Jolie lettre.

144. **Dryander** (Jonas), célèbre naturaliste, disciple et ami de Linné, n. 1748, m. 1810.

L. a. s. à L'Héritier; Londres, 27 juin 1788, 3 p. 1/4 in-4°.

145. **Du Cange** (Charles Dufresne), le célèbre auteur du *Glossaire* qui porte son nom, n. 1610, m. 1688.

L. a. s. à M. d'Hérouval, 1 p. in-8 oblong.

Remerciments de l'envoi de deux cartulaires qui lui ont servi pour son *Glossaire*.

146. **Du Chastellet** (la marquise), l'amie de Voltaire, n. 1706, m. 1749.

L. a. s. à M. de Cideville; Cirey, 2 février 1742, 2 p. in-8, cachet brisé.

Elle se réjouit de le voir à Paris. « M. de Voltaire me prie [de vous dire] tout le plaisir qu'il se fait de vous embrasser. »

147. **Ducis** (J.-Fr.), célèbre poëte tragique, de l'Acad. fr., n. 1733, m. 1816.

L. a. s. à Mme (Panckoucke ?); (mai 1814), 1 p. 1/2 in-4°.

Il raconte sa présentation à Louis XVIII.

148. **Du Halde** (le Père J.-B.), savant jésuite, historien de la Chine, n. 1674, m. 1743.

L. a. s. à l'abbé de Fontenu; Paris, 2 octobre 1741, 1 p. in-4°.

149. **Duhamel Du Monceau** (Henri-Louis), célèbre agronome, de l'Acad. des Sciences, n. 1700, m. 1782.

L. a. s.; Paris, 29 août 1768, 2 p. 3/4 in-4°.

150. **Dupanloup** (Félix), évêque d'Orléans, de l'Acad. fr., n. 1802.

L. a. s.; Paris, 4 janv. 1843, 3/4 de p. in-8. Jolie pièce.

151. **Dupaty** (Ch.-M.-J.-B. Mercier), l'auteur des *Lettres sur l'Italie*, n. 1746, m. 1788.

L. a. s. (à Dumarsais); Paris, 9 mai 1768, 1 p. 1/2 in-4°. Jolie lettre.

152. **Duverney** (Jos.-Guichard), célèbre médecin et anatomiste, de l'Acad. des Sciences, n. 1648, m. 1730.

Quitt. sig., sur vélin; Paris, 21 août 1707, 1 p. in-8 oblong.

153. **Eckhel** (l'abbé Joseph), le plus savant numismate du XVIIIe siècle, n. 1737, m. 1798.

L. a. s., en français, à Cousinery; Vienne, 22 oct. 1785, 2 p. in-4°.

Intéressante lettre sur des médailles.

154. **Écrivains.** 7 l. a. s. et 1 pièce autographe.

Anquetil, *Collé*, pièce aut., *Fenouillot de Falbaire*, *Leroux* (Pierre), *Murger* (Henry), *Planche*, *Saint-Simon* (Henri de), et *Veuillot* (Louis).

155. **Émigration** (Documents sur l').

17 pièces de 1792 à 1800, signées par *Louis XVIII*, *Charles X*, le prince de *Condé*, etc., environ 17 p. in-4° et in-fol.

Intéressant dossier.

156. **Erasme** (Didier), l'illustre savant, n. 1467, m. 1536.

Ex-dono de trois lignes aut. sig. sur une garde de livre, 1 p. in-8. Jolie pièce.

157. **Erpen** (Thomas van), célèbre orientaliste hollandais, n. 1584, m. 1624.

L. a. s., en français, à Duplessis-Mornay; Paris, 10 août 1619, 2 p. in-fol. (*Coll. Villenave.*)

Il est envoyé en France pour proposer à M. Charles Du Moulin « la protection de la Sacrée Théologie en l'Université de Leide, » et il demande à Du Plessis de l'aider à accomplir sa mission.

158. **Euler** (L.), le grand géomètre, n. 1707, m. 1783.

L. a. s., en français, (à Dortous de Mairan); Berlin, 8 juin 1743, 2 p. in-4°.

Relative à l'Académie des Sciences de Saint-Pétersbourg qui est toute désorganisée.

159. **Fagon** (Gui-Cressent), le célèbre médecin de Louis XV, n. 1638, m. 1740.

L. a. s.; Versailles, 28 mars 1710, 5 p. 1/2 in-4°.

Toute relative à un nouveau sel volatil.

160. **Faraday** (Michael), célèbre chimiste anglais, n. 1791, m. 1867.

L. a. s. à Woehler; 5 avril 1836, 1 p. in-8.

161. **Fauriel** (Claude), célèbre critique et historien, membre de l'Institut, n. à Saint-Étienne, **1772**, m. **1844**.

L. a. s. à un érudit; Paris, 3 août, 2 p. pl. in-4°.

Remercîments de l'envoi d'un travail sur l'origine et l'histoire des communes.

162. **Favart** (Ch.-Simon), célèbre auteur dramatique, le rénovateur de l'Opéra-Comique, n. **1710**, m. **1792**.

L. a. s. à Mme Duchêne; Paris, 11 sept. 1775, 1 p. in-4°.

Demande d'un exemplaire de son livre pour l'offrir au maréchal de Richelieu. Il la charge d'en adresser un à M. de Voltaire.

163. **Fénelon** (Fr. de La Mothe-Salignac), l'illustre archevêque de Cambrai, n. **1651**, m. **1715**.

L. a. s. à Mme (la marquise de Lambert); Cambrai, 3 mars 1712, 1 p. in-4°. Légères taches de rousseur.

Belle lettre sans doute relative à la mort du duc et de la duchesse de Bourgogne. « Dieu pense tout autrement que les hommes. Il détruit ce qu'il sembloit avoir formé tout exprez pour sa gloire. Il nous punit. Nous le méritons. »

164. **Fénelon.** L. aut. à Mme de Chevry, sa nièce; 10 novembre 1714, 1 p. pl. in-8, cachet-camée représentant le portrait de Cicéron.

Très-jolie lettre sur la santé de sa nièce.

165. **Fichte** (Johann), célèbre philosophe allemand, n. **1762**, m. **1814**.

Billet de 3 lignes aut. sig., 1/4 de p. in-4°.

166. **Filicaia** (Vincenzo da), un des meilleurs poëtes lyriques de l'Italie, n. **1642**, m. **1707**.

L. a. s.; Florence, 22 mai 1688, 1/2 p. in-fol. Jolie pièce.

167. **Fléchier** (Esprit), évêque de Nîmes, célèbre orateur sacré, de l'Acad. fr., n. **1632**, m. **1710**.

L. a. s. à M. de Margon; Nîmes, 18 juin 1705, 1 p. in-8. Jolie pièce.

168. **Florian** (J.-P. Claris de), célèbre fabuliste, n. **1755**, m. **1794**.

1° P. sig. 2 fois, avec 2 lignes autographes; Paris, 27 nov. 1780, 1/4 de p. in-4°. — 2° L. aut., à la 3e personne, au cit. Sigi; 30 thermidor an II, 1 p. in-8. Jolie lettre.

169. **Florian.** *Le danseur de corde et le balancier*, fable autographe, 1 p. 1/2 in-8. Jolie pièce.

170. **Folard** (le chevalier de), habile tacticien, surnommé le *Végèce français*, n. à Avignon, **1669**, m. **1752**.

L. a. s. au comte Dugua; Marseille, 4 septembre 1715, 1 p. 3/4 in-4°. Tachée d'humidité et raccommodée.

171. **Fontenelle** (Bernard Le Bovyer de), l'auteur de *la Pluralité des mondes*, n. **1657**, m. **1757**.

L. a. s. à Mgr (Huet); Paris, 12 octobre, 1 p. in-4°.

Remerciments d'un livre. « Si j'étois Cartésien, je serois bien fâché que ce livre fust écrit aussi vivement et aussi agréablement qu'il l'est, et je ne sai pas comment je ferois pour m'empêcher de le goutter, mais, Dieu merci, je ne suis d'aucun parti. »

172. **Forbin** (le chevalier Claude de), illustre marin du siècle de Louis XIV, n. 1656, m. 1733.

Quitt. sig., sur vélin; Rochefort, 30 nov. 1684, 1 p. in-8 oblong.

173. **Forteguerri** (Niccolo), poëte italien, l'auteur de *Ricciardetto*, n. 1674, m. 1735.

L. a. s. au cardinal Bentivoglio, à Ferrare; Rome, 6 décembre 1729, 1 p. 1/2 in-4°. (*Coll. Succi.*)

174. **François Ier**, roi de France, n. 1494, m. 1547.

L. s. aux maire, échevins, bourgeois et habitants de la ville de Dijon; Fontainebleau, 20 janv. 1543 (1544, n. s.), 1/2 p. in-fol.

Il leur annonce que la Dauphine (Catherine de Médicis) vient d'avoir un fils (qui devint roi sous le nom de François II).

175. **Franklin** (Benjamin), l'illustre inventeur du *paratonnerre*, n. 1706, m. 1790.

L. a. s. (à Marat); Passy, 25 fév. 1782, 1 p. in-4°. Déchirure dans un angle, enlevant les deux premières lettres du nom du destinataire.

Il lui mande qu'il ira assister à ses expériences de physique.

176. **Frédéric II**, roi de Prusse, dit *le Grand*, n. 1712, m. 1786.

L. s.; Potsdam, 5 janv. 1737, 1/2 p. in-4°.

177. **Fulton** (Robert), illustre ingénieur américain, qui appliqua la vapeur à la navigation, n. 1765, m. 1815.

L. a. s. à M. Dashkoff, ambassadeur russe; Kalerama, 24 février 1810, 1 p. pl. in-4°.

Relative à l'invention des *torpilles*. Il est prêt à envoyer une de ces machines en Russie avec les explications nécessaires pour qu'elle fonctionne bien.

178. **Gaguin** (Robert), célèbre chroniqueur, n. 1425, m. 1502.

Sa signature sur la première page d'une édition gothique du *Cento Virgilianus* de Proba Falconia, in-4°.

179. **Galiani** (l'abbé Ferd.), écrivain et publiciste, célèbre par son esprit, n. 1728, m. 1787.

L. a. s. à Mme (Necker); Gênes, 17 juillet 1769, 2 p. pl. in-4°.

Spirituelle épître où il lui raconte un rêve qu'il a fait. Il exprime son regret de ne plus être près d'elle.

180. **Galileo-Galilei**, l'illustre créateur de la philosophie expérimentale, n. 1564, m. 1642.

L. a. s. à son illustre patron.... ; Padoue, 5 janv. 1601, 1 p. in-fol. (*Coll. Trémont.*)

Précieuse pièce. Il a reçu son très-beau poëme ainsi que sa lettre. Cet envoi a été un témoignage de son bon souvenir et une preuve qu'il le croit capable de goûter les beautés de la poésie.

181. **Galland** (Antoine), le traducteur des *Mille et une nuits*, n. 1646, m. 1715.

L. a. s. à Mgr (Huet); Caen, 25 fév. 1701, 7 p. 1/2 in-4°.

Très-curieuse lettre où il donne la note de tous ses ouvrages.

182. **Galvani** (Luigi), l'illustre physicien italien, n. 1737, m. 1798.

Certificat aut. sig.; Bologne, 19 juin 1798, 1 p. in-4° oblong. *Rare.* (*Coll. Raffaelli.*)

183. **Gaubil** (Antoine), savant jésuite et missionnaire en Chine, n. 1689, m. 1759.

L. a. s.; Péking, 12 août 1752, 3 p. in-4°. Déchirure et raccommodage n'atteignant pas le texte. Intéressante lettre.

184. **Gautier** (Théophile), le célèbre écrivain, n. 1811, m. 1872.

Pièce de vers aut. sig.; avril 1834, 2 p. 1/2 in-fol. Très-belle piece. (*Coll. Lucas de Montigny.*)

185. **Gellert** (Christiern), célèbre poëte et conteur allemand, n. 1715, m. 1769.

L. a. s. à une demoiselle; Leipzig, 14 juillet 1767, 1 p. in-4°.

186. **Géologues.** 12 l. a. s.

Boucher de Perthes, Buch (Léopold de), *Deluc, Elie de Beaumont, Faujas de Saint-Fond, Saussure,* etc.

187. **Gérard de Nerval,** célèbre écrivain, n. 1808, m. 1855.

1° L. a. s. à M. Du Château ; (1832), 1 p. 1/2 in-8. Curieuse. — 2° L. aut., sig. de ses initiales, 1 p. in-8.

188. **Gessner** (Salomon), poëte suisse, l'auteur de *la Mort d'Abel,* n. 17[illegible] m. 1788.

L. a. s., en français, (au peintre Le Barbier) ; Zurich, 5 août 1780, 3 p. in-4°. (*Coll. de Pixérécourt.*)

Belle lettre de félicitations sur les illustrations de Le Barbier pour les Œuvres de Gessner. Eloge de Mme de Genlis.

189. **Gibbon** (Edward), illustre historien anglais, n. 1737, m. 1794.

L. a. s., en français, à M. de Severy fils; 24 août 1788, 1 p. 1/2 in-8. *Rare.* (*Coll. Duplessis.*)

Jolie lettre d'invitation à une promenade.

190. **Gilbert** (Nic.-Jos.-L.), le célèbre poëte satirique et élégiaque, n. 1751, m. 1780.

L. a. s. (à Baculard d'Arnaud), 1 p. in-4°. Jolie et rare pièce. (Coll. Gauthier-Lachapelle.) — P.

Recommandation en faveur de M. Beaumier. « Quand on a l'âme aussi noble, aussi sensible que je vous la connais, on vole au-devant des services qu'on peut rendre. »

191. **Girard** (Philippe de), l'inventeur de la machine à filer le lin, n. 1775, m. 1845.

L. a. s. à un savant; Varsovie, 20 janv. 1842, 3 p. 1/2 in-4°.

Relative à ses inventions. On pourrait lui reprocher son expatriation, mais il répond que c'est l'injuste abandon du gouvernement français qui l'a forcé à quitter son pays. Il sollicite, non le grand prix de l'empereur, mais une récompense nationale qui prouve que la France a reconnu le service rendu.

192. **Gleim** (Ludwig), poëte et fabuliste, surnommé *l'Anacréon allemand*, n. 1719, m. 1803.

Pièce de vers aut. sig., 3/4 de p. in-8.

Pièce adressée à Baggesen, le matin de son départ d'Halberstadt, le 15 mai 1793.

193. **Godin** (Louis), célèbre astronome, qui accompagna au Pérou La Condamine et Bouguer, n. 1704, m. 1760.

P. a. s., sig. aussi par *Bouguer* et *La Condamine*; Quito, 23 juillet 1737, 3/4 de p. in-4°.

Ils déclarent que La Condamine a déjà avancé pour les dépenses de leur ouvrage la somme de 7,988 piastres 4 réaux.

194. **Gœthe** (Johann-Wolfgang), l'illustre écrivain allemand, n. 1749, m. 1832.

Billet autographe signé G. à Schiller, 1 p. in-8 oblong. Certifié par le fils et la femme de Schiller.

195. **Gœthe**. L. a. s.; 14 mars 1812, 1 p. in-4°.

Il attend une visite que la présence du maréchal Ney et le prochain mouvement des troupes peuvent empêcher.

196. **Gœthe**. Pièce de vers aut. sig.; Marienbad, 23 juillet 1822, 1 p. in-4°.

Pièce de vers sur la Grèce moderne; elle est intitulée : *Aus dem Neugriechisken.*

197. **Goldoni** (Carlo), célèbre poëte comique italien, n. 1707, m. 1793.

Billet aut. sig., en français; Paris, 11 mai 1791, 1/2 p. in-8 oblong.

198. **Gozzi** (Gaspare), littérateur et poëte italien, n. 1713, m. 1786.

L. a. s. à Bilesimo; Venise, 22 juillet 1768, 1 p. in-4°.

199. **Gozzi** (Carlo), poëte comique italien, rival de Goldoni, n. 1720, m. 1804.

L. a. s. à Marc Forcellini; Venise, 27 mars 1762, 1 p. in-fol.

200. **Gresset** (J.-B.-L.), poëte, auteur de *Vert-Vert*, membre de l'Acad. fr., n. 1709, m. 1777.

1° Pièce autographe; janvier 1749, 1 p. 1/2 in-8. Déchirure enlevant quelques mots. — 2° Pièce autographe, 2 p. in-8.

Cette pièce contient la minute d'une lettre à l'abbé Delille et une pièce de vers que M. Boilly a déchiffrée et qui est, paraît-il, inédite.

201. **Grimm** (le baron de), le célèbre philosophe, n. 1723, m. 1807.

L. a. s. (à Vicq d'Azyr); 6 décembre (1788), 1 p. 1/2 in-4°.

Relative à la réception de Vicq d'Azyr à l'Académie française et à la clôture de l'Assemblée des notables.

202. **Guericke** (Otto de), célèbre physicien allemand, l'inventeur de la machine pneumatique, n. 1602, m. 1686.

L. a. s. au bourgmestre et au conseil de la ville de Magdebourg; 7 janvier 1646, 2 p. 3/4 in-fol., cachet.

Il annonce son retour à Leipzig. (Otto de Guericke faisait alors partie d'une députation envoyée par la ville de Magdebourg à l'électeur de Saxe pour régler diverses rectifications d'un traité.)

203. **Guidi** (Alessandro), célèbre poëte lyrique italien, n. 1650, m. 1712.

L. a. s. à Canneti; Rome, 26 mai 1688, 1 p. in-fol. (*Coll. Succi.*)

204. **Hallam** (Henry), célèbre historien anglais, n. 1777, m. 1850.

L. a. s. à M. Dudorcit; Londres, 21 sept. 1821, 5 p. 1/2 in-4°.

Relative à la traduction d'un de ses livres.

205. **Haller** (Albrecht von), illustre anatomiste et botaniste suisse, n. 1708, m. 1775.

L. a. s., en français, à M. de Sauvages; Berne, 15 mai 1766, 1 p. in-4°.

Intéressante lettre. Nouvelles scientifiques. Il se plaint de son peu de santé. « Nous vieillissons, mon cher collègue, et notre machine tend à sa destruction. »

206. **Haller**. L. a. s. en latin, à Gessner; Berne, 12 sept. 1769, 3/4 de p. in-4°. Intéressante.

207. **Harvey** (William), illustre médecin et physiologiste anglais, qui découvrit les lois de la circulation du sang, n. 1578, m. 1657.

L. s.; 1er juillet 1637, 3/4 de p. in-4°. Pièce rare, mais tachée, déchirée et raccommodée.

Il appuie la réclamation d'un pharmacien qui demande le payement des médicaments fournis par lui aux pauvres domestiques de la maison du roi d'Angleterre.

208. **Heine** (Heinrich), le célèbre poëte allemand, n. 1797, m. 1856.

L. a. s., en français, au marquis de Custine; mercredi matin, 3/4 de p. in-8.

209. **Hénault** (le président), célèbre historien, de l'Acad. fr., n. 1685, m. 1770.

L. a. s. à M. de La Fautrière; Paris, 14 mai, 1 p. in-8.

210. **Herschel** (William), illustre astronome anglais, n. 1738, m. 1822.

L. a. s. à Lucien Bonaparte; Slough, près de Windsor, 16 septembre 1814, 1 p. 1/2 in-4°. Belle et intéressante lettre.

211. **Herschel** (John-Fréd.-W.), fils du précédent, célèbre astronome anglais, n. 1792, m. 1871.

1° L. a. s., en français, à Bouvard; Slough, 9 mai 1820, 2 p. in-4°. — 2° L. a. s. à l'abbé Moigno; 8 sept. 1863, 3 p. in-8.

212. **Historiens**, membres de l'Acad. fr. 12 l. a. s.

Barante, *Bonald*, *Chateaubriand*, *Guizot*, 3 let., *Lacretelle* (Charles), *Lémontey*, *Mignet*, *Noailles*, *Salvandy*, et *Ségur*.

213. **Hoffmann** (Ernst-Th.-Wilhelm), célèbre écrivain allemand, auteur des *Contes fantastiques*, n. 1776, m. 1822.

L. a. s.; 14 mai 1820, 1 p. in-8. — P. original au crayon.

Demande d'argent, car il est un pauvre auteur éteint et sans ressources.

214. **Hommes politiques.** 16 l. a. s.

Carnot fils, 5 let., *Dambray*, *Dupont* (de l'Eure), 3 let., *Pasquier*, 2 let., *Peyronnet*, *Siméon*, etc.

215. **Huet** (P.-D.), le savant évêque d'Avranches, de l'Acad. fr., n. 1630, m. 1721.

L. a. s.; Paris, 5 mai 1713, 1 p. in-4°.

Demande de payement de ses appointements qui lui sont dus depuis quatre ans.

216. **Hugo** (Victor), le grand poëte.

5 l. a. s., dont une au crayon, 6 p. in-8.

217. **Italiens** (Ecrivains). 15 l. a. s.

Albergati-Capacelli, *Bettinelli*, *Cesarotti*, *Frugoni*, 3 let., *Leopardi*, *Maffei*, *Mazza*, *Monti*, 2 let., *Niccolini*, *Pignotti*, *Pindemonte*, et *Zeno*.

218. **Jackson** (le D^r), médecin américain, qui inventa l'éthérisation.

L. a. s. à M. Walsh; Boston, 31 mars 1847, 2 p. in-4°. (*Coll. Trémont.*)

Relative à sa découverte de l'éthérisation.

219. **Jacquard** (Jos.-Marie), l'inventeur du métier à tisser, n. à Lyon, 1752, m. 1834.

P. s.; 8 juin 1819, 2 p. 1/2 in-fol. *Rare*.

« Note sur les inventions et perfectionnements introduits dans l'industrie de Lyon par Joseph Jacquard depuis le 1er janvier 1809 jusqu'à ce jour. »

220. **Jacquier** (le Père François), célèbre mathématicien, n. 1711, m. 1788.

L. a. s.; Rome, 9 juill. 1776, 2 p. 1/4 in-4°.

221. **Jamyn** (Amadis), célèbre poëte et traducteur, élève de Ronsard, n. 1530, m. 1585.

P. s., sur vélin; Paris, 31 déc. 1577, 1 p. in-4° oblong. Légère tache. *Très-rare.* (*Coll. Lucas de Montigny.*)

Reçu de 600 livres tournois pour ses gages de secrétaire ordinaire de la chambre du Roi pendant un an et demi.

222. **Jasmin** (Jacques), poëte languedocien, n. 1798, m. 1864.

1° L. a. s. à M. Mengaud; Agen, 24 août 1840, 2 p. 1/4 in-4°. — 2° Pièce de vers aut. sig.; 1844, 3/4 de p. in-8°. Fragment de son épître à M. Boilly. — 3° Portrait original au crayon par M. Boilly, in-4°.

223. **Jeaurat** (Edme-Séb.), célèbre astronome, membre de l'Institut, n. 1725, m. 1803.

P. a. s.; 28 nov. 1767, 1/2 p. in-4°.

224. **Jenner** (Edward), l'illustre inventeur de la vaccine, n. 1749, m. 1823.

L. a. s.; Londres, 8 mai 1802, 2 p. in-4°.

Invitation à venir à Londres, maintenant que le dieu de la guerre sommeille.

225. **Jouffroy** (le marquis de), habile mécanicien, un des inventeurs des bateaux à vapeur, n. 1751, m. 1832.

L. a. s. à M. Dat; chantier de Bercy, 5 octobre 1816, 1 p. in-fol.

226. **Jussieu** (Antoine de), célèbre botaniste, le chef de cette illustre famille, n. à Lyon, 1686, m. 1758.

L. a. s.; Paris, 5 sept. 1726, 2 p. 1/4 in-4°. Légère tache.

227. **Jussieu** (Bernard de), frère du précédent, illustre botaniste, n. 1699, m. 1777.

L. a. s., en latin, à M. Traugott-Gerber; Paris, 27 avril 1740, 1 p. in-4°. Belle lettre scientifique.

228. **Jussieu** (Antoine-Laurent de), neveu du précédent, qui s'illustra par sa méthode de classification naturelle des plantes, n. 1748, m. 1836.

L. a. s. à Mgr ....; Paris, 9 janv. 1776, 2 p. 1/2 in-4°.

Toute relative à l'herbier de Commerson.

229. **Kant** (Immanuel), célèbre philosophe allemand, n. 1724, m. 1804.

L. a. s.; Kœnigsberg, 6 fév. 1798, 3/4 de p. in-4°. Intéressante.

230. **Karamzin** (Nic.-M.), célèbre historien russe, n. 1765, m. 1826.

L. a. s., 1 p. in-8.

Prière d'envoyer un exemplaire de son *Histoire de Russie* au curé Protopopoff.

231. **Klaproth** (Martin), célèbre chimiste allemand, n. 1743, m. 1817.

L. a. s., en français, à Vauquelin; Berlin, 22 sept. 1811, 1 p. pl. in-4°. Belle lettre.

232. **Klopstock** (Frid.-Gottlieb), illustre poëte allemand, auteur de *la Messiade,* n. 1724, m. 1803.

L. a. s.; Hambourg, 16 avril 1791, 3 p. in-8.

233. **Koerner** (Theodor), célèbre poëte lyrique, surnommé *le Tyrtée de l'Allemagne,* n. 1791, tué en 1813.

A Julie, pièce de vers aut. sig. *Theodor*, 1 p. in-18, papier gaufré.

234. **Kotzebue** (Frid.-August-Ferd. de), célèbre auteur dramatique et publiciste allemand, n. 1751, assassiné en 1819.

P. a. s.; 12 juill. 1813, 2 p. 3/4 in-4°, cachet.

235. **Labrosse** (Gui de), célèbre botaniste, le fondateur du Jardin des Plantes, m. 1641.

P. s.; 29 août 1613, 1 p. 1/4 in-fol.

236. **Lacaille** (l'abbé Nic.-L. de), célèbre astronome, n. 1713, m. 1762.

P. a. s.; Paris, 23 août 1748, 1 p. in-8.

Examen d'un mémoire de M. Griffon sur le moyen de trouver l'heure vraie en mer.

237. **La Condamine** (Ch.-M. de), célèbre mathématicien et voyageur, de l'Acad. fr., n. 1701, m. 1774.

L. a. s.; Cayenne, 22 juin 1744, 4 p. pl. in-4°.

Il annonce son retour en France et rend compte de ses travaux. Il a fait une carte topographique de l'île de Cayenne, celle du Père Labat « paraissant faite les yeux fermés. »

238. **La Fayette** (la marquise de), l'auteur de *Zaïde* et de *la Princesse de Clèves,* n. 1632, m. 1693.

L. a. s. à la marquise de Sablé; mardi soir, 1 p. in-4°. (*Coll. Gauthier-Lachapelle.*)

Elle la prévient de sa visite pour le lendemain. « Il est vray qu'il faut que vous ayés de grands charmes ou que je ne sois guère sujette à m'offenser puisque je vous cherche après tout ce que vous m'avés fait. »

239. **La Fontaine** (Jean de), notre immortel fabuliste, n. 1621, m. 1695.

Sur Molière, pièce de vers aut. sig., 1 p. in-8 oblong. — P.

240. **Lagrange** (Jos.-L., comte), l'illustre géomètre, n. 1736, m. 1813.

L. a. s. à son père; Berlin, 2 janv. 1781, 2 p. in-4°, cachet brisé.

Jolie lettre de bonne année. Il n'y a rien de nouveau à Berlin et les choses resteront dans ce même état tant que le Roi (Frédéric II) vivra, mais ce prince va entrer dans sa 69e année.

241. **Lagrange.** L. a. s.; Paris, 18 mai 1792, 1 p. in-fol.

Il remercie de la place que le Roi lui a accordée dans la commission des monnaies.

242. **Laharpe** (J.-Fr. de), célèbre critique, de l'Acad. fr., n. 1739, m. 1803.

L. a. s. au cit. d'Auteroche; Paris, 26 octobre, 1 p. in-4°.
Relative à son *Cours de littérature*.

243. **La Hire** (Philippe de), célèbre géomètre, de l'Acad. des Sciences, n. 1640, m. 1718.

Quitt. aut. sig., sur vélin; Paris, 17 oct. 1704, 1 p. in-8 oblong.

244. **Lamanon** (le chevalier de), savant naturaliste, compagnon de La Pérouse, massacré par les sauvages en 1787.

L. a. s. à Mgr....; Laval Louise, 27 sept. 1784, 2 p. in-4°.
Demande de secours pour continuer ses voyages relatifs à l'histoire naturelle.

245. **Lamartine** (Alphonse de), le grand poëte, n. 1792, m. 1869.

1° *Epître à M. Amédée de P....*, pièce de vers autographe. 1 p. 1/2 in-fol. — 2° L. a. s. au libraire Gosselin; Mâcon, 29 oct. 1823, 1 p. in-8.

Relative à la mise en vente de ses *Méditations*.

246. **Lamennais** (H.-F. de), illustre écrivain, n. 1782, m. 1854.

1° L. a. s. à M. de Caux; La Chesnaie, 30 sept. 1832, 1 p. in-4°. Légère déchirure. — 2° L. a. s. à R. Brucker; Paris, 26 mai 1839, 1 p. 1/2 in-4°. Curieuse.

247. **La Motte** (Antoine Houdar de), poëte et critique, de l'Acad. fr., n. 1672, m. 1731.

Envoi de 2 lignes aut. sig. à M. d'Argenson sur *le Souverain, ode*, in-4°.

248. **Laplace** (P.-S., marquis de), illustre astronome, l'auteur de l'*Exposition du système du monde*, n. 1749, m. 1827.

L. a. s.; Paris, 4 fructidor an III, 1 p. in-4°. Légère déchirure dans un angle.

Envoi d'une leçon qu'il a faite à l'Ecole normale sur les poids et mesures.

249. **Laplace.** L. a. s. au maréchal....; Paris, 1er août 1816, 1 p. in-4°.

Envoi de la 3e edition de son *Essai philosophique sur les probabilités*. « Nous avons connu l'un et l'autre un homme (Napoléon) à qui les principes exposés dans cet ouvrage auroient été très-utiles et qui n'est tombé que pour s'être conduit d'une manière entièrement contraire à ces principes. »

250. **Laprade** (Victor de), célèbre poëte, de l'Acad. fr., n. 1812.

L. a. s. à L. Boitel; Paris, 13 juin (1841), 3 p. 1/2 in-4°.

Curieuse épître où il fait un piquant tableau de la vie qu'il mène à Paris. Il y parle longuement de l'impression de son poëme de *Psyché* et de la publication d'*Eleusis* dans la *Revue des Deux-Mondes*.

251. **La Rochefoucauld** (François VI, duc de), l'auteur des *Maximes*, n. 1613, m. 1680.

L. a. s. à M. de Chavigni; Verteuil, 15 février (1650), 1 p. 1/2 in-fol., cachets brisés.

Très-jolie lettre où il le remercie des preuves d'amitié qu'il lui a données.

252. **La Rue** (le père Charles de), célèbre prédicateur et poëte latin, n. 1643, m. 1725.

L. a. s. à Mgr ...; Paris, 22 juillet 1719, 3 p. in-8. Jolie lettre de compliments.

253. **La Sablière** (Antoine Rambouillet de), poëte, mari de la célèbre femme-auteur, m. 1680.

Trois madrigaux autographes adressés à Pellisson, 2 p. in-4°, cachet.

254. **Lascaris** (André-Jean), l'illustre philologue grec, n. 1445, m. 1535.

L. a. s. à Bernard Michelozzi; Florence, 24 fév. 1492, 1 p. in-4°, cachet. Taches de rousseur.

255. **Lassone** (Jos.-M.-Fr. de), célèbre médecin et chimiste, n. 1717, m. 1788.

L. a. s.; Versailles, 26 déc. 1785, 1 p. in-fol.

Il remercie le Roi de lui avoir accordé, à titre de premier médecin de Sa Majesté, une loge dans la nouvelle salle de spectacle.

256. **Lavater** (J.-G.), célèbre écrivain suisse, le créateur de la *physiognomonie*, n. 1741, m. 1801.

L. a. s. à Baggesen; Zurich, 12 mars 1782, 1 p. in-18. (*Coll. Monmerqué.*)

257. **Lavoisier** (Ant.-Laurent), le créateur de la chimie moderne, n. 1743, décapité en 1794.

L. a. s. à M. Lhéritier; 30 avril 1788, 1 p. in-4°, cachet.

Il donne ses nom et prénoms.

258. **Le Beau** (Charles), l'historien du Bas-Empire, n. 1701, m. 1778.

L. a. s., 1 p. in-4°. Déchirure dans un angle n'atteignant pas le texte.

259. **Lebrun** (P.-D. Ecouchard), célèbre poëte lyrique, dit *Lebrun-Pindare*, de l'Acad. fr., n. 1729. m. 1807.

1° L. s. à Mme Babois ; an XIII, 1 p. in-4°. — 2° *Stances sur Homère et sur Ossian*, pièce de vers autographe, 3 p. 1/2 in-4°. — 3° *Elégie nouvelle*, pièce de vers autographe, avec ratures et corrections, 1 p. in-4°.

260. **Lefranc de Pompignan** (J.-J.), célèbre poëte lyrique, de l'Acad. fr., n. 1709, m. 1784.

L. a. s. à La Beaumelle ; Pompignan, 12 août 1759, 1 p. 1/2 in-4°, cachet. Déchirure en tête enlevant quelques lettres.

261. **Leibniz** (Gottfried-Wilhelm), un des plus grands génies des temps modernes, n. 1646, m. 1716.

L. a. s., en latin, au P. Des Bosses ; Hanovre, 25 oct. 1709, 2 p. in-4°.

Très-intéressante lettre où il parle de ses ouvrages.

262. **Lenostre** (André), le créateur des jardins du parc de Versailles, n. 1613, m. 1700.

P. s., sur vélin ; 12 août 1636, 1 p. in-8 oblong.

Reçu de 100 livres tournois pour six mois de ses gages de premier jardinier de Monseigneur, frère unique du Roi (Gaston d'Orléans).

263. **L'Hospital** (Guill.-Fr.-Ant. de), célèbre géomètre, de l'Acad. des Sciences, n. 1661, m. 1704.

Quitt. sig., sur vélin ; 31 août 1695, 1 p. in-8 oblong. (*Coll. Lajarriette.*)

264. **Libes** (Antoine), physicien, célèbre par ses découvertes sur l'électricité, n. à Béziers, 1752, m. 1832.

L. a. s. ; 19 fructidor an XIII, 1 p. 1/2 in-4°.

265. **Linné** (Charles de), l'illustre botaniste suédois, n. 1707, m. 1778.

L. a. s., en latin, à Ph. Miller, à Londres ; Upsal, 3 août 1768, 2 p. 1/2 in-4°. Légère déchirure enlevant quelques lettres.

Il le remercie d'un envoi de graines et parle de son fils, « mon successeur, honnête par la grâce de Dieu. »

266. **Linné**. L. a. s., en latin, à M. Duchesne fils ; Upsal, 19 juin 1771, 3/4 de p. in-4°, cachet. Légère déchirure par la rupture du cachet.

Remercîments d'un envoi de graines de potirons et de melons.

267. **Lipse** (Juste), le célèbre érudit, n. 1547, m. 1606.

L. a. s., en latin, à Jacques Lectius ; ides de nov. 1590, 1 p. in-4°, cachets.

268. **Littérateurs**. 8 l. a. s.

Baculard d'Arnaud, *Bitaubé*, *Brillat-Savarin*, *Ducray-Duminil*, *Dulaure*, *Dusaulx*, *Grégoire*, et *Saint-Foix*.

269. **Littérateurs**. 7 l. a. s.

Aubert (l'abbé), *Demoustier*, *Ducerceau* (le Père), *Fréron*, *Laromiguière*, *Legrand d'Aussy*, et *Roy*.

270. **Longfellow** (Henry-Wadsworth), célèbre poëte américain, n. 1807.

L. a. s. à M. Brantz Mayer; 15 sept. 1867, 2 p. in-8.

Jolie pièce écrite pour M. Boilly.

271. **Longfellow**. Pièce de vers aut. sig.; 1867, 1 p. in-8 oblong.

272. **Louis XI**, roi de France, n. 1423, m. 1483.

L. s. aux recteur et étudiants de l'Université de Caen; Senlis, 27 mai, 1/2 p. in-4° oblong.

Curieux document. Louis XI recommande pour l'office d'*enlumineur* Jean Maubert, neveu de l'abbé de Saint-Etienne de Fontenay.

273. **Louis XVIII**, roi de France, n. 1755, m. 1824.

2 billets autographes au comte de La Chapelle; (juillet 1798), 1 p. in-8.

Il lui annonce sa résolution de donner la croix de Saint-Louis au courageux et fidèle CLÉRY (le valet de chambre de Louis XVI).

274. **Louis XVIII**. 2 billets autographes au comte de La Chapelle; (1798 et 1799), 1 p. in-8.

275. **Louis XVIII**. 1° P. s., sig. aussi par le comte d'Artois; Coblentz, 20 fév. 1792, 1/2 p. in-4°. — 2° P. s.; Turin, 30 avril 1794, 1/2 p. in-fol., cachet.

276. **Loureyro** (Joao de), jésuite, savant botaniste portugais, n. 1715, m. 1796.

P. a. s., en latin; 13 mai 1744, 1 p. in-4° oblong.

277. **Luther** (Martin), le grand réformateur allemand, n. 1483, m. 1546.

Fragment autographe, en latin, 1 p. in-8 oblong. Taches d'eau.

278. **Lyell** (Charles), le célèbre géologue anglais, n. 1797.

1° L. a. s. à Deslongchamps; (20 janv. 1841) 1 p. in.-4°. — 2° Son portrait au crayon par M. Boilly, in-4°.

279. **Mably** (l'abbé Gabriel BONNOT de), célèbre publiciste, n. 1709, m. 1785.

L. a. s.; Paris, 20 oct. 1783, 1 p. in-4°. (*Coll. Gauthier-Lachapelle.*) — P.

Relative à la publication de ses *Observations sur les lois américaines.*

280. **Mac-Laurin** (Colin), célèbre mathématicien écossais, n. 1698, m. 1746.

L. a. s., en français, (à Dortous de Mairan); Grange, près d'Édimbourg, 14 avril 1739, 2 p. in-4°.

Il annonce que l'Académie d'Édimbourg a nommé Mairan associé étranger. On attend une horloge de M. Graham pour faire l'expérience du retardement du pendule à Edimbourg et dans les îles Shetland.

281. **Mac-Mahon**, duc de Magenta, maréchal de France, président de la République française, n. 1808.

L. aut., sig. M., au général Desvaux; Alger, 10 nov. 1864, 1/2 p. in-8.

282. **Mainard** (Fr.), célèbre poëte, de l'Acad. fr., n. 1582, m. 1646.

Pièce de vers autographe, 1 p. in-4°.

283. **Maintenon** (la marquise de), épouse de Louis XIV, n. 1635, m. 1719.

L. a. s. à l'abbé d'Aubigné; 17 novembre (1687), 1 p. pl. in-4°, cachet. Légères taches d'eau.

Lettre signée *D'Aubigné de Maintenon*. Elle exprime son regret de la mort de sa belle-sœur. Elle ajoute, après sa signature : « D'Hozier ne peut souffrir que nous signions *D'Aubigny*; il veut *D'Aubigné*. »

284. **Maintenon**. L. a. s. à l'archevêque de Rouen; 4 janv. (1716), 1 p. in-4°, cachet.

Belle lettre, écrite trois mois après la mort de Louis XIV. « Ma plus grande consolation après la soumission à la volonté de Dieu est ma grande vieillesse. Mon estat seroit bien triste s'il pouvoit durer longtemps. »

285. **Maistre** (le comte Joseph de), le célèbre écrivain, n. 1754, m. 1821.

L. a. s.; Lausanne, 9 avril 1794, 1 p. in-4° oblong.

286. **Maistre** (Xavier de), frère du précédent, auteur du *Voyage autour de ma chambre*, n. 1763, m. 1852.

L. a. s. à Gonsollino; Pise, 22 avril 1828, 2 p. 1/2 in-8.

Fine critique des poésies d'un disciple de Lamartine.

287. **Malesherbes** (Chr.-Guill. de Lamoignon de), illustre magistrat, défenseur de Louis XVI, n. 1721, décapité en 1794.

L. a. s. au baron d'Holbach; Paris, 10 juillet 1760, 1/2 p. in-8.

Envoi des Mémoires de l'Académie des Sciences.

288. **Malfilâtre** (J.-Ch.-L.), célèbre poëte élégiaque, n. 1732, m. 1767.

Pièce autographe, avec ratures et corrections, 12 p. in-fol. Fortement tachée d'huile.

Traduction du 1er livre des *Géorgiques*. Les 23 premiers vers sont traduits en vers, et le reste en prose. Ce travail va jusqu'au 150e vers.

289. **Malthus** (Thomas-Robert), le célèbre économiste anglais, n. 1766, m. 1834.

L. a. s. au révérend Brown, à Cambridge; 29 août 1813, 1 p. 1/4 in-4°, cachet. Belle pièce.

290. **Malus** (Etienne-Louis), célèbre physicien, qui découvrit la polarisation de la lumière par réflexion, n. 1775, m. 1812.

L. a. s. à M. Jullien: Paris, 10 sept. 1809, 1 p. in-4°. Jolie lettre. *Très-rare.*

291. **Manfredi** (Eustachio), célèbre géomètre et astronome italien, n. 1674, m. 1739.

L. a. s. à Facciolati; Bologne, 22 sept. 1721, 1 p. in-4°.

292. **Manzoni** (Alessandro), célèbre écrivain italien, l'auteur de *I promessi sposi*, n. 1784, m. 1873.

L. a. s. (à Carlo Zardetti); Milan, 20 (septembre) 1842, 1 p. pl. in-4°.

Il déclare que Cattaneo ne lui a envoyé aucune note sur le Lazaret.

293. **Marguerite d'Angoulême,** reine de Navarre, sœur de François Ier, auteur de l'*Heptaméron,* n. 1492, m. 1549.

L. s., avec la souscription autographe, à M. de Matignon, 1 p. in-4°. Un peu fripée.

294. **Marguerite de France,** reine de Navarre, puis de France, première femme de Henri IV, n. 1553, m. 1615.

Lettres patentes sig., sur vélin; Paris, 19 fév. 1609, 1 p. in-fol. oblong, sceau. — P.

295. **Marino** (Il Cav. G.-B.), le célèbre poëte italien, dit en France *le cavalier Marin*, n. 1569, m. 1625.

L. a. s. à D. Ferrante Carlo, à Bologne; Turin, 28 juin 1614, 2 p. 1/2 in-fol., trace de cachet.

Curieuse épître sur des vers qui lui ont été attribués et qu'il affirme n'être pas de lui.

296. **Marmontel** (J.-Fr.), célèbre conteur et écrivain, de l'Acad. fr., n. 1723, m. 1799.

L. a. s. à Baculard d'Arnaud; Paris, 6 février, 1 p. in-8.

297. **Marracci** (Lodovico), célèbre orientaliste italien, traducteur du Coran, n. 1612, m. 1700.

L. a. s.; Rome, 21 janv. 1696, 1 p. 1/2 in-fol. Piquée sur les bords.

298. **Maskelyne** (Nevil), célèbre astronome anglais, n. 1732, m. 1811.

L. a. s. à Méchain; Greenwich, 20 déc. 1791, 2 p. in-4°, cachet. Lettre scientifique.

299. **Massillon** (J.-B.), évêque de Clermont, illustre orateur de la chaire, de l'Acad. fr., n. 1663, m. 1742.

L. a. s. au révérend Père (de Montfaucon?), 1 p. in-4°.

Il approuve le projet d'ouvrage qui lui a été soumis et il demande à être inscrit parmi les souscripteurs. « Il est bien juste qu'après nous avoir mis au fait des mœurs des Grecs et des Romains nous scachions aussi comment vivoient nos pères. »

300. **Mathématiciens.** 15 l. a. s.

Ampère, 2 let., *Arbogast*, *Bezout*, *Borda*, *Bossut*, *Cauchy*, *Chasles*, 3 let., *Dirichlet*, *Lacroix*, *Lamé*, *Montucla*, et *Poinsot*.

301. **Maupertuis** (P.-L.-M. de), célèbre géomètre et philosophe, de l'Acad. fr., n. 1698, m. 1759.

L. a. s. à Fréret; Thury, 21 oct. 1735, 3/4 de p. in-4°, cachet-camée. Jolie lettre.

302. **Maury** (J.-S., cardinal), célèbre orateur et écrivain, de l'Acad. fr., n. 1746, m. 1817.

L. a. s. à M. Habert; 5 mars, 3/4 de p. in-8. Quatre lignes ont été effacées dans cette lettre.

303. **Médecins.** 17 l. a. s.

Bourgelat, *Chaussier*, *Corvisart*, 2 let., *Desgenettes*, *Gall*, reçu, *Helvétius*, *Lapeyronie*, *Louis*, *Magendie*, *Mareschal*, *Portal*, *Spurzheim*, *Tenon*, *Tissot*, *Tronchin*, et *Vicq d'Azyr*.

304. **Médecins.** 24 l. a. s.

Adelon, *Barthez*, *Baumes*, *Béclard*, *Broussais*, *Dubois*, *Dupuytren*, *Laënnec*, *Larrey*, *Orfila*, *Pelletan*, *Petit*, *Velpeau*, etc.

305. **Médecins italiens.** 3 l. a. s.

Scarpa, *Mascagni*, et *Morgagni*.

306. **Médicis** (Laurent Ier de), prince de Florence, dit *le Magnifique*, n. 1448, m. 1492.

L. a. s.; Florence, 19 juin 1482, 1/2 p. in-8 oblong, fragment de cachet. Pâlie par l'humidité.

307. **Ménage** (Gilles), célèbre érudit et critique, n. 1613, m. 1692.

L. a. s. à M. de Valois; dimanche matin, 1/2 p. in-8 oblong.

308. **Menestrier** (le Père Cl.-Fr.), le célèbre antiquaire, historien de Lyon, n. 1631, m. 1705.

Ex-dono de 3 lignes aut. sig. à M. de Choin, gouverneur de Bourg, 1 p. in-4°.

309. **Menzini** (Benedetto), célèbre poëte satirique italien, n. 1646, m. 1704.

L. a. s. à Fr. del Teglia; Rome, 23 mai 1693, 1 p. 1/2 in-4°. Jolie lettre littéraire.

310. **Mercœur** (Elisa), célèbre femme-poëte, n. 1809, m. 1835.

1° L. a. s.; Paris, 25 janvier, 1 p. in-4°. — 2° *Souhaits à la France*, pièce de vers aut. sig.; 1er janv. 1833, 1 p. 1/4 in-fol.

311. **Mérimée** (Prosper), un de nos meilleurs écrivains, de l'Acad. fr., n. **1803**, m. **1870**.

L. a. s. à un érudit; Paris, 1er août, 4 p. pl. in-8.

Spirituelle épître où il le prie de visiter l'église de Sainte-Marie d'Oloron.

312. **Mesmer** (Antoine), l'auteur de la doctrine du *magnétisme animal*, n. **1733**, m. **1815**.

L. a. s. à Mme Cardon; Mœrsburg, sur le lac de Constance, 14 nov. 1803, 1 p. 1/2 in-4°, cachet.

Conseils sur sa maladie. Il faut attendre le développement « que les moyens que vous connoissez ne manqueront pas d'opérer, au lieu de fronder la nature par des drogues et d'en troubler le cours. »

313. **Metastasio** (Pietro), un des plus célèbres poëtes dramatiques de l'Italie, n. **1698**, m. **1782**.

L. a. s. à Mme Fogliazzi; Vienne, 28 sept. 1767, 2 p. in-4°, cachet. Légers raccommodages sur le feuillet de l'adresse.

Relative à sa tragédie de *Didone abbandonata*.

314. **Millevoye** (Ch.-Hubert), célèbre poëte élégiaque, n. **1782**, m. **1816**.

L. a. s. au libraire Eymery; Abbeville, 20 déc. 1815, 2 p. 1/2 in-8.

Relative à un de ses ouvrages.

315. **Minéralogistes.** 9 l. a. s.

Beudant, *Brongniart* (Alex.), *Daubrée*, *Delafosse*, *Dufrénoy*, *Haüy*, *Patrin*, *Romé Delisle*, et *Sage*.

316. **Mirabeau** (Victor Riquetti, marquis de), célèbre économiste, surnommé l'*Ami des hommes*, n. **1715**, m. **1789**.

L. a. s. au marquis Du Sailiant; Paris, 20 mai 1783, 1 p. 1/2 in-4°. Légers raccommodages.

317. **Mirabeau** (H.-G. Riquetti, comte de), l'illustre orateur de l'Assemblée constituante, n. **1749**, m. **1791**.

L. a. s. à M. Boucher; (donjon de Vincennes), 7 juin (1779), 1 p. 1/4 in-8.

Il parle des sujets d'estampes de Boccace, qui sont infiniment ingrats si on n'y met de la gaieté. Il lui envoie une lettre pour Sophie.

318. **Missionnaires en Chine.**

L. sig. par *Dentrecolles*; *Bouvet*, *Régis*, *Parrenin*, *De Mailla*, *Jacques* et *Gaubil*, au R. Père ....., 1 p. in-4°.

Le supérieur et les membres de la maison des Jésuites français à Pékin ont recours à Sa Majesté pour les affaires de leur mission dont elle est fondateur.

319. **Missionnaires en Chine.** 4 lettres ou pièces a. s.

Amiot (le Père), 2 pièces, *Bourgeois* (le Père), et *Parrenin* (le Père).

320. **Monge** (Gaspard), l'illustre géomètre, n. **1746**, m. **1818**.

L. a. s. à Fourcroy; Liége, 1er frimaire an XII, 2 p. in-4°.

Il comprend que M. de Choiseul-Gouffier réclame la collection des dessins des ruines de Palmyre déposée à l'Ecole polytechnique. M. de Choiseul doit s'estimer heureux que, lors de la conquête de Rome, lui, Monge, ait songé à sauver de la destruction cette précieuse collection et à la faire transporter à Paris.

321. **Monnier** (Sophie, marquise de), la célèbre maîtresse de Mirabeau, n. 1754, m. 1789.

L. a. s. (à Boucher); 25 novembre (1779), 3/4 de p. in-4°.

Renvoi de la première traduction. Elle est rassurée d'apprendre qu'il a ses papiers. « Sut été une perte bien sensible pour moi et dont une partie eût peut devenir funeste à Mme de Mirabeau la mère, dejà trop malheureuse. »

322. **Montagne** (J.-Fr.-Camille), célèbre botaniste, de l'Acad. des Sciences, n. à Vaudoy (S.-et-Marne), 1784, m. 1866.

1° L. a. s. à M. Boilly; 1850, 2 p. in-8. — 2° Portrait au crayon dessiné par M. Boilly sur du papier végétal, in-8.

323. **Montesquieu** (Charles de SECONDAT, baron de), l'illustre écrivain, n. 1689, m. 1755.

L. a. s. à milord (sans doute lord Valgrève, ambassadeur à Vienne); Venise, 18 août 1728, 2 p. 1/2 in-4°. Tachée d'eau et raccommodée.

Curieuse épître d'un style un peu libre où il raconte ses promenades à Venise.

324. **Montfaucon** (Dom Bernard de), le célèbre érudit, n. 1655, m. 1741.

L. a. s. à Grosley; Paris, 2 oct. 1740, 1 p. 1/2 in-4°.

Relative à un manuscrit acquis par Grosley et qui contient la vie de saint Remi écrite par Hincmar. « Je me porte fort bien, dit-il, quoique je sois sur la fin de ma 86e année. »

325. **Montgolfier** (Etienne), l'inventeur des aérostats, n. 1745, m. 1799.

L. a. s. à Malesherbes; Annonay, 11 janv. 1788, 3 p. in-4°.

Il le prévient que le temps brumeux et pluvieux ne leur a pas permis de faire des expériences.

326. **Montlosier** (le comte de), célèbre publiciste et député, n. à Clermont-Ferrand, 1755, m. 1838.

1° L. a. s., 1/2 p. in-8. — 2° Note autographe sur ses ouvrages, 4 p. in-4°. — 3° Portrait au crayon dessiné par M. Boilly et avec la signature du comte, in-4°.

327. **Moore** (Thomas), le célèbre poëte écossais, n. 1779, m. 1852.

1° L. a. s., 1 p. pl. in-8. — 2° Billet de 4 lignes aut. sig., 1/2 p. in-8.

328. **Moratin** (Don Leandro-Fernandez), célèbre poëte dramatique espagnol, n. 1760, m. 1828.

Oda 33 de Anacreonte, pièce de vers autographe, 1 p. 1/4 in-8. Jolie pièce.

329. **Morse** (Samuel-Finley Breeze), l'inventeur du télégraphe électrique, n. 1791.

L. a. s. à M. Walsh; New-York, 20 mars 1847, 1 p. in-4°.

330. **Murat** (Joachim), maréchal de l'Empire, puis roi de Naples, n. 1771, fusillé en 1815.

L. sig. *Joachim* à M. Denniée; Neuilly, 24 juin 1806, 1 p. in-4°.

331. **Musset** (Alfred de), le grand poëte, n. 1810, m. 1857.

L. aut. sig. *Alf. M.* à un ami, 1 p. pl. in-8.

Envoi de vers qu'il vient de composer.

332. **Napoléon Ier**, empereur des Français, n. 1769, m. 1821.

Apostille de huit mots autographes sig. *N.*, sur une lettre signée de Clarcke; 31 mai 1809, 1 p. in-fol.

333. **Napoléon Ier**. Ces mots : *appr. N.* sur une lettre signée de Clarcke; 24 déc. 1810, 3 p. in-fol.

334. **Napoléon Ier**. Lettre à Caffarelli avec quatre lignes autographes; Trianon, 21 juillet 1811, 1 p. in-4°.

Il demande de ses nouvelles. Napoléon ajoute de sa main : « Vous devez en écrire tous les jours. Je ne reçois pas de vos nouvelles. Outre les comptes que vous rendez au commandant de l'armée, écrivez-moi par toutes les occasions. »

335. **Napoléon Ier**. Deux apostilles sig. *Nap.* et *N.*; 1811 et 1813, 2 p. 1/2 in-fol.

336. **Napoléon Ier**. L. s. à Berthier; Brienne, 1er février 1814, 1 p. in-4°.

Lettre écrite deux jours après la bataille de Brienne. Ordre au 1er régiment des gardes d'honneur de rejoindre la division Defrance. Il demande combien de généraux de brigade sont employés avec les régiments des gardes d'honneur, car il a besoin d'un de ces généraux pour le service de sa garde.

337. **Napoléon III**, empereur des Français, n. 1808, m. 1873.

L. a. s. au sculpteur Petitot; Londres, 10 juillet 1847, 1 p. pl. in-8.

Relative au monument colossal en marbre que Petitot élevait à Saint-Leu en l'honneur de Louis Bonaparte.

338. **Naturalistes français**. 18 l. a. s.

Bexon, Bonpland, Duméril, Geoffroy Saint-Hilaire (Etienne et Isidore), *Gueneau de Montbeillard, Lacépède, Sonnini, Valmont de Bomare*, etc.

339. **Naturalistes étrangers**. 11 l. a. s.

Blumenbach, Camper, Gmelin, Smeathman, Spallanzani, Trembley, Vallisneri, etc.

340. **Naudé** (Gabriel), un des plus célèbres érudits de son temps, n. 1600, m. 1653.

L. s. à Huet; Paris, 17 mai 1650, 2 p. in-fol., cachet.

Toute relative au savant Bochart.

341. **Needham** (John-Tuberville), célèbre naturaliste anglais, n. 1713, m. 1781.

L. a. s., en français, à Grandjean de Fouchy; Paris, 9 juin 1748, 2 p. 1/4 in-4°.

Important mémoire sur la génération. (On sait que Buffon a consigné les observations de Needham à ce sujet, dans le 2e volume de son *Histoire naturelle.*)

342. **Newton** (Isaac), un des plus grands génies dont s'honore la science, n. 1642, m. 1727.

L. a. s. à sir John Newton, 3/4 de p. in-4°, cachet. *Belle et précieuse pièce.*

343. **Nodier** (Charles), célèbre écrivain, de l'Acad. fr., n. 1783, m. 1844.

1° L. a. s. à Bérard, 1 p. in-4°. — 2° *Adieux*, pièce de vers aut. sig., 1 p. in-4°.

344. **Nollet** (l'abbé J.-Ant.), célèbre physicien, n. à Pimpré (Oise), 1700, m. 1770.

L. a. s. à M. de Fourcroy; Paris, 8 déc. 1768, 1 p. 1/2 in-4°.

Il a soumis ses observations à l'Académie des Sciences.

345. **Nouet** (Nic.-Ant.), célèbre astronome, qui fit partie de l'expédition d'Egypte, n. 1740, m. 1811.

P. a. s.; Paris, 6 germinal an X, 1 p. pl. in-4°.

C'est l'état de ses services. Notre savant déclare se nommer Nicolas-Antoine Nouet, et être né à Pompey, près de Nancy, le 30 août 1740.

346. **Numismates.** 14 l. a. s.

Ainsworth, Cousinéry, Ennery (Michel d'), *Lelewel, Longpérier, Mionnet, Pellerin,* etc.

347. **Œrsted** (J.-Chr.), célèbre physicien danois, qui découvrit l'électro-magnétisme, n. 1777, m. 1851.

L. a. s. à Wöhler; Copenhague, 9 juin 1830, 1 p. in-8.

348. **Olbers** (Wilhelm), célèbre astronome allemand, qui découvrit les planètes Pallas et Vesta, n. 1758, m. 1840.

L. a. s., en français; Brême, 20 mars 1810, 1 p. in-4°.

Relative à sa nomination de correspondant de l'Institut.

349. **Orientalistes français.** 20 l. a. s.

Abel-Rémusat, Botta (Emile), *Burnouf, Chézy, Fourmont, Garcin de Tassy,* 5 let., *Deguignes, Mariette, Rougé* (le vicomte de), etc.

350. **Orientalistes étrangers.** 18 l. a. s.

Adelung, Bopp, Fleischer, Hammer, Humboldt (W. de), *Layard, Lepsius, Mezzofanti, Schlegel* (W. de), etc.

351. **Orléans** (Charles, duc d'), célèbre poëte, père de Louis XII, n. 1391, m. 1465.

L. s., sur vélin, avec une ligne autographe; Blois, 26 juin 1457, 1 p. in-fol. oblong. Jolie pièce.

352. **Owen** (Richard), célèbre naturaliste anglais, membre associé de l'Institut, n. **1804**.

L. a. s. à De Blainville; Londres, 27 juill. 1835, 1 p. pl. in-4°. Belle pièce.

353. **Pallas** (P.-S.), célèbre naturaliste allemand, n. **1741**, m. **1811**.

L. a. s., en latin, à Hermann, professeur à Strasbourg; Pétersbourg, 20 juin 1776, 9 p. 1/4 in-4°.

Très-intéressante lettre sur des questions d'histoire naturelle et où il parle de Buffon.

354. **Paré** (Ambroise), le restaurateur de la chirurgie en France, n. **1517**, m. **1590**.

P. s., sur vélin; 10 déc. 1586, 1/2 p. in-fol. oblong. *Rare.*

Reçu de 16 écus 2 tiers pour un quartier de rente.

355. **Parini** (Giuseppe), poëte satirique italien, n. **1729**, m. **1799**.

L. a. s. au comte Carli, 1 p. in-4°, cachet. (*Coll. Succi.*) — P.

356. **Parny** (Évariste, chevalier de), poëte érotique, auteur de *la Guerre des Dieux,* de l'Acad. fr., n. **1753**, m. **1814**.

Fragment d'un poëme imité de l'ancien scandinave, pièce de vers aut. sig., 3 p. in-4°. Déchirure dans un pli et raccommodage.

357. **Parthenay** (Catherine de), vicomtesse de Rohan, femme illustre par son savoir et par son attachement à la religion réformée, n. **1554**, m. **1631**.

L. aut., sig. de ses initiales, au duc de Montbazon; (La Rochelle, octobre 1628), 1 p. in-8 oblong, cachets et soies.

Précieux document écrit peu de jours avant la reddition de la Rochelle. Elle a su par un prisonnier que le duc de Montbazon lui avait conservé son amitié et la priait de s'employer pour porter les choses à une bonne paix. Elle désire vivement la paix et demande un sauf-conduit pour aller trouver un de ses fils (Henri II de Rohan) qui est près d'ici. « Je mettray peine de le dispozer à s'y employer de sa part, ne doutant point qu'il ne soit tousjours prest de contribuer à une si bonne cause tout ce que son honneur et la fidélité qu'il doit à ses amis luy permettra. »

358. **Passerat** (Jean), poëte, successeur de Ramus dans la chaire d'éloquence et de poésie latine au Collége de France, un des auteurs de la *Satyre Ménippée,* n. à Troyes, **1534**, m. **1602**.

P. s., sur vélin; 24 mars 1597, 1/2 p. in-fol. oblong. (*Coll. Duplessis.*)

Jolie pièce où il est qualifié de *docteur ès-droictz et lecteur ordinaire du Roy en l'Université de Paris.*

359. **Patin** (Gui), célèbre médecin et écrivain, n. **1602**, m. 1672.

Ex-dono de 4 lignes autographes, à la 3e personne, sur une garde de livre; 1623, 1 p. in-8.

360. **Patin** (Charles), fils du précédent, médecin et numismate distingué, n. 1633, m. 1693.

L. a. s. à Morosini; Padoue, 21 fév. 1680, 1/2 p. in-4°, cachet. (*Coll. Succi.*)

361. **Pellico** (Silvio), l'auteur de *Le mie prigioni*, n. 1789, m. 1854.

L. a. s. au Mis Guasco; 15 février, 1 p. in-8.

362. **Pennant** (Thomas), célèbre naturaliste et antiquaire anglais, n. 1726, m. 1798.

P. a. s., 1 p. in-8 oblong. Pièce d'album.

363. **Perrault** (Charles), l'auteur des *Contes*, n. 1628, m. 1703.

1° Quitt. sig., sur vélin; 4 déc. 1691, 1 p. in-4° oblong. — 2° *Ordre du feu d'artifice du 18 aoust 1674*, pièce autographe, 1 p. in-4°. Curieux document.

364. **Pezay** (le marquis de), poëte et bel esprit, ami de Voltaire et de J.-J. Rousseau, n. 1741, m. 1777.

L. a. s. à M. Grand; château de Pezay, par Blois, 1er juillet 1773, 2 p. 1/2 in-4°. Jolie pièce. (*Coll. Lucas de Montigny.*)

365. **Philelphe** (Francesco), le célèbre humaniste italien, n. 1398, m. 1481.

L. a. s. à Ciccho, 1 p. in-8. Taches d'eau.

366. **Physiciens français.** 7 l. a. s.

Babinet, 2 pièces, *Bertholon*, *Foucault* (Léon), *Jamin*, *Macquer*, et *Regnault*.

367. **Physiciens étrangers.** 8 l. a. s.

Blagden, *Brewster*, *Bunsen*, *Forbes*, *Jacobi*, *Lardner*, 2 let., et *Tyndall*.

368. **Piazzi** (Giuseppe), célèbre astronome italien, qui découvrit la planète Cérès, n. 1746, m. 1826.

L. a. s. à Fr. Carelli; Palerme, 31 mars 1823, 1 p. pl. in-4°. Belle lettre.

369. **Pilatre de Rozier** (J.-Fr.), célèbre aéronaute, n. à Metz, 1756, m. dans une ascension près de Boulogne-sur-Mer, 1785.

L. a. s.; Paris, 5 avril 1783, 1 p. in-4°. *Rare.*

Relative à ses expériences sur les fluides aériformes.

370. **Pilatre de Rozier.** Pièce signée par l'abbé Rojat, Verneaux, Chappon, Barré, etc.; Paris, 14 mars 1783, 1 p. in-4°.

Ils certifient que PILATRE DE ROZIER est resté 59 minutes dans une cuve à bière qui contenait 4 pieds et demi de gaz méphitique, tandis que des lapins et autres animaux ont été asphyxiés.

371. **Piron** (Alexis), poëte et auteur dramatique, n. 1689, m. 1773.

L. a. s. à son frère, apothicaire à Dijon; 25 fév. 1758, 2 p. 1/2 in-4°. Déchirures dans les angles enlevant quelques mots.

Plaisant tableau de la vie qu'il mène à Paris.

372. **Piron.** *Epître à M. de T*** pour M. B***, professeur à l'Académie de peinture, qui demandoit au Louvre le logement qu'occupoit de son vivant M. Coustou,* pièce de vers autographe; 1745, 5 p. 3/4 in-4°.

Curieuse épître à M. de Tournehem, directeur des bâtiments du Roi, en faveur du célèbre peintre François Boucher.

373. **Poëtes,** de l'Acad. fr. 18 l. a. s.

Andrieux, 2 let., *Autran, Baour-Lormian, Campenon, Esménard, Guiraud, Lamartine, Laujon, Legouvé* père, *Pongerville, Sainte-Beuve*, 2 let., *Soumet*, 2 let., *Tissot, Viennet,* et *Vigny*.

374. **Poëtes dramatiques,** de l'Acad. fr. 10 l. a. s.

Ancelot, Arnault, Laya, Lebrun, Legouvé (E.), *Lemercier*, 2 let., *Ponsard*, 2 let., et *Raynouard*.

375. **Poëtes.** 5 l. a. s.

Brizeux, Reboul, Salm (la P^{sse} de), et *Turquety*, 2 pièces.

376. **Poëtes provençaux.** 3 lettres ou pièces a. s.

Aubanel, pièce de vers, *Mistral*, et *Roumanille*, pièce de vers.

377. **Poggio Bracciolini,** le célèbre écrivain italien, n. 1380, m. 1459.

L. a. s. à Côme de Médicis; 5 décembre (1454), 1 p. in-4°. — P.

Précieuse pièce. — Il le prie de s'entremettre en faveur de Gregorio de Lucques, ambassadeur des Lucquois, qui, ayant blessé par ses négociations plusieurs de ses concitoyens, reste à Rome où le Pape lui a accordé un hôtel pour habitation.

378. **Poinsinet** (Ant.-Alex.-Henri), auteur dramatique, célèbre par les mystifications dont il fut l'objet, n. à Fontainebleau, 1735, m. 1769.

L. a. s. à M. de Beauvais l'aîné; Palais Royal, 28 déc. 1756, 2 p. 1/2 in-4°. *Rare.*

Très-curieuse lettre dans laquelle il parle de la décadence des beaux-arts. « Que sert d'honorer sa patrie? dit-il avec ironie. On est revenu de ce préjugé. »

Rameau, qui a soutenu la gloire de la musique française contre tout l'éclat de l'Italie, n'a qu'une fortune modique. N'aurait-il pas mieux fait d'entrer dans les fermes? Poinsinet parle aussi de Fontenelle, de Crébillon et de Voltaire.

379. **Polignac** (le cardinal Melchior de), poëte et diplomate, auteur de l'*Anti-Lucrèce*, membre de l'Acad. fr., n. 1661, m. 1741.

L. a. s. à Mgr ...; Rome, 21 juillet 1708, 2 p. in-4°. Intéressante. (*Coll. Gauthier-Lachapelle.*)

380. **Pope** (Alex.), le grand poëte anglais, n. 1688, m. 1744.

L. a. s. à Richardson; décembre 1738, 1/2 p. in-4°. Jolie pièce. — P.

381. **Porée** (le Père Charles), savant jésuite, maître de Voltaire, n. 1675, m. 1741.

Ex-dono de 3 lignes aut. sig. à M. d'Argenson sur un titre de livre, 1 p. in-4°.

382. **Pouchkine** (Alex., comte), un des plus célèbres poëtes de la Russie, n. 1799, m. 1837.

L. a. s., en français, 3/4 de p. in-8.

383. **Priestley** (Jos.), le grand chimiste anglais, n. 1733, m. 1804.

L. a. s. à Mendez da Costa; Warrington, 21 juin 1766, 1 p. pl. in-fol. Un peu jaunie. — P.

384. **Prior** (Matt.), célèbre poëte anglais, n. 1664, m. 1721.

L. a. s., en français, à M. Gaultier; Paris, 14 déc. 1713, 2 p. in-fol., cachet. Curieuse.

385. **Proudhon** (P.-J.), le célèbre publiciste, n. 1809, m. 1865.

L. a. s. à M. Monnier; 12 novembre (1852?), 2 p. in-8.

Intéressante lettre dans laquelle il donne le titre d'une *Revue du peuple* qu'il veut fonder.

386. **Proust** (L.-Jos.), célèbre chimiste, de l'Acad. des Sciences, n. 1754, m. 1826.

L. a. s. à un savant, 3 p. pl. in-4°.

Lettre scientifique. Envoi d'un échantillon de son sucre de raisin.

387. **Pufendorf** (Samuel), le célèbre publiciste allemand, n. 1632, m. 1694.

L. a. s., en français, à Mgr...; 15 nov. 1677, 2 p. in-4°. Déchirée en deux et raccommodée.

388. **Pulci** (Luigi), célèbre poëte italien, n. 1431, m. 1487.

L. a. s. à Laurent de Médicis; Rome, 6 mai 1472, 1 p. pl. in-4°. Très-belle et intéressante pièce.

389. **Quinault** (Philippe), poëte dramatique, le créateur de l'opéra en France, de l'Acad. fr., n. 1635, m. 1688.

Quitt. a. s., sur vélin; Paris, 7 juillet 1684, 1 p. in-8 oblong.

390. **Racan** (Honorat de Bueil, marquis de), célèbre poëte, de l'Acad. fr., n. 1589, m. 1670.

P. s.; 21 avril 1614, 1 p. 1/2 in-fol. *Rare*.

391. **Racine** (Jean), illustre poëte tragique, de l'Acad. fr., n. 1639, m. 1699.

L. a. s. au R. P. (Bouhours); (1676), 1 p. pl. in-8.

Pièce précieuse qui paraît se rapporter à *Phèdre*. Il lui envoie les quatre premiers actes de sa tragédie. « Je vous supplie, mon Révérend Père, de prendre la peine de les lire et de marquer les fautes que je puis avoir faites contre la langue dont vous estes un des nos plus excellens maistres. »

392. **Racine** (Louis), poëte, auteur de *la Religion*, n. 1692, m. 1763.

L. a. s.; 20 avril 1762, 1 p. in-4°. Fatiguée dans les plis.

393. **Rapin** (le Père René), célèbre poëte latin, n. 1621, m. 1687.

L. a. s., 1 p. in-8. Jolie lettre.

394. **Raynal** (l'abbé Guill.-Th.-Fr.), célèbre historien et philosophe, n. 1713, m. 1796.

L. a. s. à une société savante; Marseille, 9 avril 1789, 1 p. in-4°.

Lettre de remercîments de sa nomination de membre de cette société. Elle commence ainsi : « Dieu peut m'appeler à lui quand il lui plaira. J'ai assés vécu. Ma vieillesse est honorée par les hommes les plus éclairés et les plus sages du siècle... »

395. **Réaumur** (René-Ant. Ferchault de), grand physicien et naturaliste, inventeur du thermomètre qui porte son nom, n. 1683, m. 1757.

L. a. s. à M. Coste; Paris, 27 juin 1741, 2 p. 1/2 in-4°, cachet. Fripée sur les bords.

Relative à des insectes qui se trouvent dans les épis des différentes sortes de blé.

396. **Récamier** (Juliette), la reine de l'Abbaye-au-Bois, n. 1777, m. 1849.

L. aut., sig. de ses initiales; jeudi matin, 1 p. 1/2 in-18.

397. **Regnard** (J.-Fr.), célèbre poëte comique, n. 1655, m. 1709.

Pensées autographes, 2 p. in-fol.

398. **Regnard**. Pensées autographes, 1 p. 1/4 in-fol.

399. **Regnier-Desmarais** (Fr.-Sér.), littérateur et grammairien, de l'Acad. fr., n. 1632, m. 1713.

L. a. s. à Mgr...; Paris, 17 fév. 1708, 1 p. in-4°.

400. **Renaudot** (Théophraste), médecin et publiciste, fondateur de la *Gazette de France*, n. 1584, m. 1653.

Quitt. sig., sur vélin; Paris, 15 sept. 1653, 1 p. in-fol. oblong.

401. **René d'Anjou**, comte de Provence, roi de Naples et de Sicile, célèbre par son goût pour les beaux-arts, n. 1409, m. 1480.

P. s., sur vélin; Saumur, 3 oct. 1450, 1 p. in-fol. oblong. Jaunie. (*Coll. Duplessis.*)

402. **Retz** (J.-Fr.-P. de Gondi, cardinal de), archevêque de Paris, un des chefs de la Fronde, auteur de *Mémoires*, n. 1614, m. 1679.

L. s., en italien, avec la souscript. aut.; (septembre 1651), 1 p. in-fol. Jaunie dans la marge.

Remerciments de compliments sur sa promotion au cardinalat.

403. **Richter** (J.-P.-Frid.), célèbre écrivain allemand, n. 1763, m. 1825.

L. a. s. (sans doute à Gœthe); 4 juin 1795, 1 p. in-4°. Certifiée par Gœthe.

Très-jolie lettre d'envoi de son roman d'*Hesperus* qu'il lui présente d'un cœur chaud, mais craintif. « Je sais bien que je suis comme un ignorant en astronomie qui souvent prend l'étoile du soir pour une comète... »

404. **Riquet** (P.-P.), l'illustre auteur du canal du Languedoc, n. 1604, m. 1680.

Billet à ordre aut. sig.; Carcassonne, 8 août 1675, 1 p. in-8. Légers coups de plume sur la signature.

405. **Roberval** (Gilles Personne de), célèbre mathématicien, ami de Pascal, n. près de Senlis, 1602, m. 1675.

P. s., sur vélin; Paris, 27 sept. 1675, 1 p. in-4° oblong.

Reçu de 400 livres que Sa Majesté lui a accordées pour augmentation de ses gages de « professeur ordinaire du Roy pour les mathématiques au collége royal de France. »

406. **Rœmer** (Olaüs), célèbre astronome danois, n. 1644, m. 1710.

L. a. s., en français, (à Nicolas Thoynard); Copenhague, 30 sept. 1684, 2 p. in-4°. Belle lettre. (*Coll. Brunet.*)

407. **Rollin** (Charles), célèbre humaniste et historien, n. 1661, m. 1741.

1° P. s., sur vélin; 10 mars 1691, 1 p. in-8 oblong. — 2° P. aut., en latin, à la 3e personne, 1/2 p. in-8 oblong. — P.

Programme d'un cours dans lequel il expliquera les trois premiers livres des *Institutions oratoires* de Quintilien.

408. **Ronsard** (Pierre de), un de nos plus illustres poëtes, n. 1524, m. 1585.

Sa signature sur une garde de livre, 1 p. in-4°.

409. **Roscoe** (William), l'historien de Léon X et de Laurent de Médicis, n. 1753, m. 1831.

L. a. s. à Sismondi; Lodge Lane, près de Liverpool, 26 juillet 1826, 1 p. 1/2 in-4°, cachet. Belle lettre.

410. **Roucher** (J.-Ant.), poëte, auteur des *Mois*, n. 1745, décapité avec André Chénier, 1794.

L. a. s.; Paris, 19 janv. 1774, 1 p. in-4°.

Jolie lettre où il parle de Cabanis.

411. **Rouelle** (Guill.-Fr.), célèbre chimiste, maître de Lavoisier, n. 1703, m. 1770.

P. s.; Paris, 22 juin 1765, 2 p. 1/4 in-fol.

Note de remèdes fournis à M. de Saint-Fargeau. Rouelle prend le titre d'*apothicaire, démonstrateur de chimie au jardin du Roi.*

412. **Rousseau** (J.-B.), célèbre poëte lyrique, n. 1670, m. 1741.

Ode à M. l'abbé de Chaulieu, pièce de vers autographe, 3 p. pet. in-4°.

413. **Rousseau** (J.-J.), le grand écrivain, n. 1712, m. 1778.

L. a. s. au libraire Duchesne; Motiers, 20 janv. 1763, 2 p. 3/4 in-4°. Légère déchirure par la rupture du cachet.

Très-intéressante lettre sur l'édition de ses *Œuvres* que prépare Duchesne. Il aurait aimé à être consulté à ce sujet et demande qu'on déclare que cette édition n'a pas été faite par l'auteur.

414. **Ruinart** (Dom Thierri), célèbre érudit, n. 1657, m. 1709.

L. a. s. à M. de Nully, chanoine de l'église de Beauvais; abbaye de Saint-Germain-des-Prés, 14 août 1697, 2 p. 1/2 in-4°, cachet.

Réponse à une demande de renseignements sur saint Constantien et saint Evremont.

415. **Rulhière** (Cl.-C. de), historien, de l'Acad. fr., n. 1734, m. 1791.

P. a. s.; Paris, 20 juin 1779, 1 p. pl. in-fol.

Etat de ses services. Il déclare être né le 8 juin 1734, à Bondy, près de Paris (et non en 1735, comme disent les biographes).

416. **Rumford** (Benj. Thompson, comte de), célèbre chimiste et philanthrope américain, n. 1753, m. 1814.

L. a. s., en français, au comte Dubois; Paris, 16 fév. 1809, 3 p. in-4°.

Curieuse épître sur les calomnies dont il est l'objet. Il parle de la bonne réputation dont il jouit dans toute l'Europe, et se plaint de sa femme qui a renvoyé son cuisinier et mis la batterie de cuisine et l'argenterie sous clef, ce qui le réduit à envoyer chercher de quoi manger chez un restaurateur voisin. (Rumford avait épousé, en 1805, la veuve de Lavoisier; les deux époux se séparèrent le 30 juin 1809.)

417. **Saint-Ange** (Fariau de), poëte, traducteur d'Ovide, de l'Acad. fr., n. à Blois, 1747, m. 1810.

Ode à la bienfaisance, pièce de vers aut. sig., 4 p. 1/2 in-4°.

418. **Saint-Evremond** (Ch. de), célèbre écrivain, n. 1613, m. 1703.

L. aut. à l'abbé de Hautefeuille; 8 septembre, 1 p. pl. in-4°, cachet.

419. **Saint-Gelays** (Mellin de), célèbre poëte, émule et rival de Marot, n. à Angoulême, **1491**, m. **1558**.

P. s., sur vélin; 7 février 1523 (1524, n. s.), 1 p. in-fol. oblong. *Très-rare.*

Reçu de 1,200 livres tournois pour ses gages de premier maître d'hôtel du Roi pendant une année.

·420. **Saint-Hyacinthe** (Thémiseul de), l'auteur du *Chef-d'œuvre d'un inconnu,* n. **1684**, m. **1746**.

L. a. s. (à Voltaire); Paris, 6 fév. 1739, 1 p. in-4°.

Il l'assure qu'il n'a aucune liaison avec l'abbé Desfontaines, soupçonné d'être l'auteur d'un libelle publié contre Voltaire.

421. **Saint-Lambert** (J.-Fr. de), poëte, auteur des *Saisons,* membre de l'Acad. fr., n. **1716**, m. **1803**.

1° L. aut. à la Csse d'Houdetot; Lunéville, 24 novembre, 3 p. in-4°, cachet. Charmante épître. — 2° Quitt. sig., sur vélin; 1774, 4 p. in-8 oblong. — 3° Pièce autogr. sur la mélancolie, 1 p. 1/2 in-fol.

422. **Saint-Pierre** (Bernardin de), l'auteur de *Paul et Virginie,* n. **1737**, m. **1814**.

L. a. s. à sa femme; 9 juillet, 1 p. 1/2 in-8. Jolie lettre.

423. **Saint-Pierre** (B. de). 1° P. aut., 1 p. in-4°. — 2° Pièce aut., avec ratures et corrections, 3 p. 1/2 in-4°.

Il explique les sujets de douze dessins pour illustrer une édition de *Paul et Virginie.*

424. **Saint-Simon** (Louis de Rouvroi, duc de), l'illustre auteur des *Mémoires,* n. **1675**, m. **1755**.

L. a. s. au Mis de Breteuil; La Ferté, 10 avril (?) 1740, 1/2 p. in-4°.

Il le prie de proposer pour la majorité du fort de Médoc, qui est de son gouvernement, le sieur de Châtillon. « M. le cardinal a toujours eu la bonté de porter le Roy à m'accorder à l'exemple du feu Roy ceux que j'ay demandés pour remplir l'estat-major de ce gouvernement. »

425. **Sainte-Marthe** (Scévole II et Louis de), historiographes de France, n. **1571**, m. **1650** et **1656**.

L. a. s., 1/2 p. in-4° oblong.

426. **Sainte-Palaye** (J.-B. de La Curne de), érudit et historien, de l'Acad. fr., n. **1697**, m. **1781**.

L. a. s.; Sainte-Palaye, 3 oct. 1741, 1 p. 3/4 in-4°. Jolie lettre.

427. **Sanadon** (le Père N.-Et.), savant jésuite, traducteur d'Horace, n. **1676**, m. **1733**.

L. a. s. à Mgr (Fénelon); 16 octobre, 4 p. pl. in-4°.

Relative à la querelle de Bossuet et de Fénelon.

428. **Sand** (Georges), la célèbre romancière, n. **1804**.

2 l. a. s., 2 p. in-8.

429. **Santeul** (Jean de), le célèbre poëte latin, n. 1630, m. 1697.

P. a. s., 1 p. in-4°.

430. **Sauvage** (Frédéric), l'inventeur de l'hélice.

L. a. s. à M. Bléard; 9 nov. 1830, 1 p. in-8.

431. **Sauvages de La Croix** (Fr. Boissier de), célèbre médecin et botaniste, ami de Linné, n. 1706, m. 1767.

L. a. s. au Dr Amoreux; Montpellier, 4 août 1759, 1 p. 1/4 in-4°.

Relative à une plante qu'il avait nommée *Reaumuria* et qu'Antoine de Jussieu a nommée *probescidea*.

432. **Savants.** 12 l. a. s.

Bernoulli (Daniel et Jean), *Broussonet*, *Chamisso*, *Humboldt*, 3 let., *La Métherie*, *Webb*, etc.

433. **Schiller** (Frid. von), le grand écrivain allemand, n. 1759. m. 1805.

L. a. s. à un ami; Iéna, 20 juin 1793, 2 p. in-8. — P.

Relative à son traité *Sur la grâce et la dignite.*

434. **Sciences** (Académie des). 10 l. a. s.

Audouin, *Coste*, *Desmarest*, *Dutrochet*, *Gay*, *Latreille*, *Olivier*, *Savigny*, *Valenciennes*, et *Yvart*.

435. **Scopoli** (G.-Ant.), célèbre naturaliste italien, n. 1723, m. 1788.

L. a. s., en latin, à Broussonet; Paris, 17 juin 1787, 2 p. in-fol.

Intéressante lettre scientifique.

436. **Scott** (sir Walter), l'illustre écrivain anglais, n. 1771, m. 1832.

L. a. s. à John Robison; Abbotsford, 15 nov. 1830, 1 p. in-4°.

Il accepte le titre de président de la Société royale d'Edimbourg.

437. **Scott** (Walter). 1° 2 lignes aut. sig., 1 p. in-8 oblong. — 2° Billet autogr., à la 3e personne, 1 p. in-18.

438. **Scudéry** (Madeleine de), la plus célèbre romancière du siècle de Louis XIV, n. 1607, m. 1701.

L. a. s. à Huet; 21 septembre, 1 p. 1/2 in-4°. Belle pièce. (*Coll. Gauthier-Lachapelle.*) — P.

439. **Sedaine** (Michel-Jean), célèbre auteur dramatique, de l'Acad. fr., n. 1719, m. 1797.

L. a. s. au comte (d'Angiviller); au Louvre, 4 mai 1785, 1 p. in-4°.

Relative à son admission à l'Académie française.

440. **Sévigné** (Marie de Rabutin-Chantal, marquise de), la grande épsitolaire, n. 1626, m. 1696.

L. aut. à sa fille la comtesse de Grignan; lundi au soir, 1 p. pl. pet. in-4°.

Elle lui annonce que tout est disposé pour la recevoir. « Ordonez, comandez, car ma fantaisie et ma sorte d'amitié c'est d'aismer cent fois mieux vostre volonté que la mienne et de me trouver tousjours toute disposée à suivre vos desseins. »

441. **'S Gravesande** (Guill.-Jacob), célèbre physicien et philosophe hollandais, n. 1688, m. 1742.

L. a. s., en français; Leyde, 26 juill. 1718, 1 p. 1/2 in-4°. Légers raccommodages.

Il travaille à un traité qui a rapport à la philosophie de M. Newton.

442. **Sommeiller** (Germain), célèbre ingénieur, auquel on doit le tunnel du mont Cenis.

L. a. s. à M. Dessaix; 20 mars 1855, 2 p. 1/2 in-8. Intéressante.

443. **Soulary** (Joséphin), un de nos meilleurs poëtes contemporains, né à Lyon.

A Léon Boitel, pièce de vers aut. sig., 1/2 p. in-4°.

444. **Southey** (Robert), célèbre poëte anglais, n. 1774, m. 1843.

L. aut., à la 3e personne, à Helena-Mary Williams; samedi, 1/2 p. in-4°, cachet. Belle pièce.

445. **Spanheim** (Ezéchiel), érudit et numismate distingué, ambassadeur du roi de Prusse en Angleterre, n. à Genève, 1629, m. 1710.

L. s., en français, avec la souscript. aut.; Londres, 1er sept. 1703, 3 p. in-fol.

Très-curieuse dépêche adressée au gouvernement anglais, et par laquelle il demande que l'on reconnaisse au roi de Prusse, son souverain, le titre de prince de Neufchâtel et de prince d'Orange.

446. **Staël-Holstein** (la baronne de), l'auteur de *Corinne*, n. 1766, m. 1817.

L. a. s.; 9 messidor, 1/2 p. in-4°. Jolie lettre.

447. **Stephenson** (George), l'illustre inventeur des chemins de fer, n. 1781, m. 1848.

L. a. s. à Mme Hall, sa tante; Liverpool, 13 déc. 1830, 1 p. in-4°. *Très-rare.*

448. **Stephenson** (Robert), fils du précédent, célèbre ingénieur, qui fut le collaborateur de son père et s'illustra par la construction du pont de Menai, n. 1803, m. 1859.

L. a. s. à M. Lee; Londres, 28 août 1839, 1 p. in-4°.

449. **Tasso** (Bernardo), poëte, auteur de l'*Amadiji,* père de Torquato, n. 1493, m. 1569.

L. a. s.; (1531), 1/2 p. in-4° oblong. (*Coll. Succi.*)

Il demande un privilége de dix années pour divers ouvrages.

450. **Tassoni** (Alessandro), célèbre écrivain italien, auteur de *La Secchia rapita*, n. 1565, m. 1635.

L. a. s. (à Alphonse Sassi); Rome, 28 nov. 1624, 1 p. in-fol. *Rare.*

451. **Thierry** (Augustin), le grand historien, n. 1795, m. 1856.

P. s.; Paris, 4 oct. 1836, 1 p. in-4°.

452. **Thiers** (Ad.), président de la République française, n. 1796.

L. a. s. au libraire Lecointe; 28 déc. 1842, 1/2 p. in-8.

Remercîments d'un exemplaire de son *Histoire de la Révolution française.*

453. **Thomas** (A.-L.), célèbre écrivain, de l'Acad. fr., n. à Clermont-Ferrand, 1732, m. 1785.

L. aut. au chevalier de Taulès; Paris, 12 déc. 1764, 1 p. in-4°, cachet.

Critique de la tragédie de *Timoléon* de Laharpe.

454. **Tippoo-Saïb,** dernier sultan du Maïssour, célèbre par ses luttes contre les Anglais, n. 1749, tué en 1799.

L. aut.; 1205 de l'ère mahométane, 1 p. in-fol., cachet. (*Coll. Lajarriette.*)

Lettre écrite sur papier rose à une femme qu'il appelle : « Mon refuge de pudeur et de chasteté, mon répertoire de grâces majestueuses et d'amour. » Il lui adresse des présents..

455. **Toaldo** (Gius.), célèbre physicien italien, n. 1719, m. 1798.

L. a. s.; Vicence, 30 sept. 1794, 1/2 p. in-4°.

456. **Tournefort** (Jos. Pitton de), le grand botaniste, n. à Aix, 1656, m. 1708.

L. a. s., 1 p. in-4°.

Envoi de plantes.

457. **Trincavelli** (Vettore), célèbre médecin et helléniste italien, n. 1496, m. 1568.

L. a. s., en latin, à son très-cher disciple Fr. Cassano, 7 p. 1/2 in-fol. (*Coll. Succi.*)

Très-intéressante lettre médicale.

458. **Trissino** (Giov.-Giorgio), poëte italien, une des gloires littéraires du siècle de Léon X, n. 1478, m. 1550.

Deux pièces de vers autographes sur le même feuillet, 1 p. in-4°. Légère déchirure.

459. **Tyard** (Pontus de), évêque de Chalon-sur-Saône, un des poëtes de la Pléiade, n. 1521, m. 1605.

P. s.; 27 juin 1599, 1 p. in-8° oblong. *Très-rare.*

460. **Tycho Brahe,** l'illustre astronome danois, n. 1546, m. 1601.

P. a. s.; 23 avril 1680, 1/2 p. in-8 oblong, cachet. Légère mouillure. *Très-rare.* — P.

461. **Urfé** (Honoré d'), romancier, l'auteur de *l'Astrée,* n. à Marseille, 1568, m. 1625.

Ex-libris aut. sig., en latin, sur un titre de livre; 1619, 1 p. in-8.

462. **Vadé** (J.-Jos.), poëte et littérateur, l'inventeur du genre *poissard*, n. 1719, m. 1757.

P. a. s.; Paris, 23 août 1752, 1/2 p. in-4°.

Cession au libraire Duchesne du premier opéra-comique qu'il composera.

463. **Vaillant** (Jean), célèbre numismate, n. à Beauvais, 1632, m. 1706.

L. a. s. à M. Thomassin de Mazaugues; Paris, 9 fév. 1680, 1 p. 1/2 in-8, cachet brisé. Jolie lettre.

464. **Varignon** (Pierre), célèbre géomètre, n. à Caen, 1654, m. 1722.

L. a. s.; lundi 31 août, 1/2 p. in-8.

Il le charge de presenter ses compliments à M. Newton.

465. **Vauban** (Séb. Le Prestre de), illustre maréchal de France, n. 1633, m. 1707.

Fin de lettre aut. sig., 1 p. in-4° oblong.

466. **Vaucanson** (Jacques de), le célèbre mécanicien, n. à Grenoble, 1709, m. 1782.

P. a. s.; Paris, 27 sept. 1753, 1 p. in-4°. *Rare.* — P.

Il reconnait devoir 2,630 livres à M. Bruiset pour avances faites pour une machine à écraser les étoffes.

467. **Vauvenargues** (Luc de Clapiers, marquis de), le célèbre moraliste, n. 1715, m. 1747.

L. a. s. au marquis de La Villevielle, à Sommières; Paris, 2 mai 1743, 1 p. pl. in-4°, cachet. *Très-rare.*

Plaisante épître où il l'engage à venir rejoindre le régiment et à lui amener le cuisinier qu'il lui a promis. « J'ay achetté un cheval pour luy, de la batterie de cuisine, un mulet pour la porter. Si toutes ces dépenses me devenoient inutiles par votre oubli, je ne vous le pardonerois de ma vie. »

468. **Viviani** (Vincenzo), grand géomètre italien, fidèle disciple de Galilée, n. 1622, m. 1703.

L. a. s. à Guerrini; 17 juin 1676, 1 p. in-4°. (*Coll. Rira.*)

469. **Voiture** (Vincent), célèbre écrivain et bel esprit, de l'Acad. fr., n. 1598, m. 1648.

Quittance sig., sur vélin, avec une ligne autographe; Paris, 26 mai 1628, 1/2 p. in-4° oblong. (*Coll. Lajarriette.*)

Reçu de 600 livres tournois pour ses gages de commissaire à faire les monstres du prévôt des maréchaux de Montfort-L'Amaury.

470. **Volta** (Alessandro), l'illustre physicien italien, n. 1745, m. 1827.

L. a. s. au Dr Coindet; Milan, 17 avril 1813, 1 p. in-fol. Jolie lettre.

471. **Voltaire** (F.-M. Arouet de), le plus grand génie littéraire du XVIIIe siècle, n. 1694, m. 1778.

L. a. s. à l'abbé Asselin, 1 p. in-4°.

Envoi d'un de ses ouvrages.

472. **Voltaire**. L. aut. à Tiriot; (1730), 1 p. in-4°.

Lettre prose et vers où il envoie le changement de la dernière scène de Tullie.

473. **Voltaire**. L. s. à M. Signy, dessinateur pour la ville de Paris; Ferney, 6 mars 1769, 1 p. 1/2 in-4°, cachet.

Félicitations sur le portrait qu'il a fait de lui.

474. **Watt** (James), l'inventeur des machines à vapeur, n. 1736, m. 1819.

L. a. s.; Birmingham, 20 oct. 1783, 1 p. in-4°.

475. **Werner** (Abr.-Gottlob), célèbre minéralogiste allemand, créateur de la *géognosie*, n. 1750, m. 1817.

L. a. s. à Weigel; Freiberg, 31 déc. 1810, 1 p. in-4°.

476. **Werner** (Frid.-L.-Zacharie), célèbre poëte dramatique allemand, n. 1768, m. 1823.

L. aut., en français, (à Mme de Staël); Rome, 16 déc. 1809, 4 p. pl. in-8.

Curieux récit de son voyage en Italie.

477. **Wieland** (Ch.-M.), célèbre poëte et philosophe, surnommé le *Voltaire de l'Allemagne*, n. 1733, m. 1813.

L. a. s.; Weimar, 27 janv. 1777, 1 p. pl. in-8.

478. **Winckelmann** (J.-J.), l'illustre archéologue allemand, n. 1717, assassiné en 1768.

L. a. s., en français, à un savant; Rome, 17 mars 1762, 3/4 de p. in-4°.

Très-belle lettre où il l'engage à continuer son travail sur les fouilles d'Herculanum.

479. **Winckelmann**. L. a. s., en italien, à Martorelli; Rome, 28 déc. 1767, 1 p. in-4°. Légère tache.

Relative à la nouvelle édition de son *Histoire de l'art*.

480. **Wollaston** (William-Hyde), célèbre chimiste et physicien anglais, n. 1766, m. 1828.

L. a. s.; 30 août 1821, 3 p. in-8.

481. **Young** (Thomas), célèbre physicien anglais, n. 1773, m. 1829.

L. a. s. à Arago; 8 juillet 1826, 1 p. in-8.

---

482. **Bossuet** (J.-B.), l'illustre évêque de Meaux.

Devoirs du grand Dauphin, avec corrections autographes de Bossuet, 4 p. in-4°.

483. **Bourette** (Charlotte), poëte, surnommée *la Muse limonadière*, n. 1714, m. 1784.

A Monseigneur de Malherbes (Malesherbes), pièce de vers aut. sig., 1 p. in-4°, avec une lettre d'envoi au dos. Jolie pièce, écrite sur un papier à entourages coloriés.

484. **Carnot** (Lazare), l'illustre organisateur des armées de la République, n. 1753, m. 1823.

L. a. s. à Ramel; 3 pluviôse an V, 1/2 p. in-4°.

485. **Cuvier** (Georges), illustre naturaliste, n. 1769, m. 1832.

L. a. s. (à Alexandre Lenoir); Paris, 19 mai 1821, 2 p. in-4°.

Demande de vérifier si la tête envoyée de Suède est bien celle de Descartes, comme on le dit. — On y a joint une autre lettre signée de Cuvier sur le même sujet.

486. **Desforges-Maillard** (Paul), poëte, surnommé par Voltaire l'*Apollon de Bretagne*, n. 1699, m. 1772.

L. a. s. (à Titon Du Tillet); le Croisic, 2 fév. 1749, 1 p. pl. in-4°.

Belle lettre prose et vers.

487. **Duperron** (Jacques Davy, cardinal), archevêque de Sens, illustre diplomate et théologien, n. 1556, m. 1618.

P. s.; 17 déc. 1611, 2 p. in-fol. (*Coll. Trémont.*)

488. **Erudits allemands.** 6 l. a. s.

Bottiger, *Creuzer*, *Grævius*, *Grimm*, *Gronovius* et *Heeren*.

489. **Grafigny** (Mme de), célèbre romancière, n. 1695, m. 1758.

Pièce de vers autographe, 1/2 p. in-8 oblong.

490. **Lacordaire** (le Père), célèbre prédicateur, de l'Acad. fr., n. 1802, m. 1861.

L. a. s. à M. Chauveau; Sorèze, 7 oct. 1859, 1 p. in-4°.

491. **Littérateurs anglais.** 4 l. a. s. et 1 pièce aut.

Bentham, pièce aut., *Blessington* (lady), *Marryat*, *Rogers* (Samuel), et *Williams* (Helena-Maria).

492. **Schelling** (Frid.-W.-Jos. de), célèbre philosophe allemand, n. 1775, m. 1854.

L. a. s., en français, au comte de Saint-Maurice; Munich, 28 mars 1830, 3 p. in-4°.

Belle lettre où il parle de son ami Victor Cousin.

493. **Tieck** (Ludwig), célèbre poëte et écrivain allemand, n. 1773, m. 1853.

L. a. s.; Dresde, septembre 1822, 1 p. 1/2 in-4°.

494. **Ventura** (le Père Gioacchino), célèbre prédicateur italien, n. 1792, m. 1861.

L. a. s. à l'avocat Aguglia; Rome, 24 mars 1840, 1/2 p. in-4°, cachet.

ARTISTES

PEINTRES, SCULPTEURS, GRAVEURS ET ARCHITECTES

495. **Adam** (Lambert-Sigisbert), sculpteur, de l'Académie de peinture, n. à Nancy, 1700, m. 1759.

L. a. s. à Sa Grandeur (le cardinal de Polignac); Rome, 9 nov. 1730, 3 p. in-fol. Coupure en tête n'atteignant pas le texte.

Lettre écrite alors qu'il était à Rome comme pensionnaire du Roi. Il a fait une statue de *Mars* pour le Roi, et il envoie à Sa Grandeur le modèle d'un Ulysse. Il a composé un dessin pour l'ornement de la fontaine de Trevi, à laquelle le Pape fait travailler. (Le projet d'Adam fut accepté, mais non exécuté, car la jalousie des artistes italiens força notre sculpteur à revenir en France.)

496. **Adam** (Nic.-Séb.), sculpteur, frère du précédent, de l'Acad. de peinture, n. à Nancy, 1705, m. 1778.

L. a. s.; Paris, 20 déc. 1740, 1 p. 1/2 in-4°.

Il travaille à un bas-relief pour lequel il a déjà touché 500 livres.

497. **Allegrain** (Chr.-Gabr.), sculpteur, qui orna Luciennes, n. 1710, m. 1795.

L. s.; Paris, 27 sept. 1777, 1 p. in-4°.

Relative à sa célèbre statue de *Diane*.

498. **Arcis** (Marc), sculpteur, élève de Rivalz, n. à Toulouse, m. 1741.

P. a. s.; Toulouse, 12-21 mai 1722, 2 p. in-4°.

Il s'engage à faire pour le maître-autel des Révérends Pères Augustins de

Toulouse un bas-relief représentant en extase saint Augustin soutenu par des anges adolescents, moyennant 750 livres. — Les reçus d'Arcis sont sur la 2e page : ils sont autographes, tandis que le traité n'est que signé.

499. **Aviler** (Aug.-Ch. d'), architecte, auquel on doit la porte du Peyrou à Montpellier, n. 1653, m. 1700.

Dessin avec 4 lignes aut. sig., 1 p. gr. in-fol.

C'est le projet des chapelles à construire aux deux côtés de la grille d'entrée du chœur de la cathédrale de Sens.

500. **Bachelier** (J.-J.), peintre, directeur de la manufacture de Sèvres, n. 1724, m. 1805.

Billet a. s., 1/2 p. in-12 oblong.

501. **Balechou** (J.-J.-Nic.), un des plus célèbres graveurs de son temps, n. à Arles, 1715, m. 1765.

L. a. s. à Monseigneur ...; Avignon, 11 mai 1759, 2 p. in-4°.

Envoi d'une estampe sur laquelle M. Vanloo pourra faire ses observations.

502. **Bartolozzi** (Francesco), graveur italien, n. 1725, m. 1813.

L. a. s. à MM. Laurent père et fils; Lisbonne, 25 fév. 1808, 2 p. in-4°.

Il exécutera volontiers les deux planches d'après le Corrége, le *Saint Jérôme* et la *Fuite en Egypte*. Il demande 300 louis pour chacune.

503. **Beaubrun** (Henri de), peintre ordinaire du Roi, m. 1677.

P. s.; 21 fév. 1666, 2 p. in-fol.

504. **Bella** (Stefano della), célèbre graveur italien, n. 1610, m. 1664.

L. a. s., en français, à Mariette; Florence, 24 avril 1654, 1 p. in-4° oblong. *Très-rare.*

505. **Belle** (Cl.-L.-M.-Anne), peintre d'histoire, n. 1722, m. 1806.

P. a. s.; Paris, 1er frimaire an XII, 1/2 p. in-fol.

Il certifie, en sa qualité de garde des tableaux des Gobelins, que M. Cozette lui a remis l'ancien inventaire général des tableaux faits pour être exécutés en tapisserie par Charles Le Brun et autres artistes.

506. **Bernini** (Giovanni-Lorenzo), dit *le cavalier Bernin*, peintre, statuaire et architecte italien, n. 1598, m. 1680.

L. a. s.; 26 juin 1658, 1/2 p. in-fol. — Portr. au crayon.

507. **Berthelemy** (J.-S.), peintre d'histoire, n. à Laon, 1743, m. 1811.

L. a. s. à l'administration du Musée central des arts; 17 floréal an IX, 1/2 p. in-4°.

Il va exécuter un plafond dans le vestibule du musée des Antiques.

508. **Bervic** (Ch.-Cl.), graveur, membre de l'Institut, n. 1756, m. 1822.

L. a. s. à Landon; 12 mars 1810, 1 p. in-4°.

509. **Blondel** (François), architecte, le constructeur de la porte Saint-Denis, n. à Ribemont (Somme), 1617, m. 1686.

Quitt. sig., sur vélin; 1666, 1 p. in-4° oblong.

510. **Boilly** (L.-L.), peintre de genre et de portraits, n. 1761, m. 1845.

L. a. s. à Tardieu; 14 août 1806, 1 p. pl. in-8.

Jolie lettre de félicitations sur sa gravure de saint Michel.

511. **Boilly**. L. a. s. au comte de Forbin; 21 fév. 1836, 3/4 de p. in-4°.

Ne pouvant plus, à cause de son âge, exposer ses ouvrages au salon du Louvre, il demande un billet pour la prochaine exposition.

512. **Boissieu** (J.-J. de), célèbre graveur à l'eau-forte, n. à Lyon, 1736, m. 1810.

L. a. s. (à Wille); Lyon, 4 fév. 1762, 3 p. in-4°.

Il le remercie de ses conseils. « J'étudieray toujours avec ardeur la nature, je vais aussi tout de suite tacher de me mettre au fait de la perspective dont je n'ay encore aucune teinture et dont je sens l'utilité. » Il voudrait aller à Paris; mais sa mère, qui n'encourage pas ses goûts artistiques, l'en empêche.

513. **Bonheur** (Rosa), peintre d'animaux et de paysages, n. 1822.

L. a. s. à M. Chauveau; Paris, 14 nov. 1853, 1 p. 1/2 in-8.

Réponse à la demande de son autographe.

514. **Boromini** (Francesco), architecte italien, fameux par ses bizarres conceptions, rival du Bernin, n. 1599, m. 1667.

L. a. s.; Casal, 20 fév. 1654, 1/4 de p. in-fol. *Très-rare.* (*Coll. Succi.*)

515. **Bosio** (Fr.-Jos., baron), sculpteur, de l'Institut, n. 1769, m. 1845.

1° L. a. s. à M. Boilly; Paris, 9 août 1821, 1 p. in-4°.

Il déclare être né dans la nuit du jour de saint Joseph, dans le mois de mars 1769.

2° L. a. s.; 1827, 3 p. in-8.

516. **Bouchardon** (Edme), le grand sculpteur, n. 1698, m. 1765.

P. s.; Paris, 10 oct. 1759, 1 p. in-4° oblong.

517. **Boullongne** (Louis), peintre et graveur, un des fondateurs de l'Académie de peinture, n. en Picardie, 1609, m. 1674.

P. s., sur vélin; 19 juin 1671, 1 p. in-4° oblong.

Reçu de 400 livres à-compte des ouvrages de peinture et dorure à fresque faits par lui dans la grande galerie du Louvre.

518. **Boullongne** (Bon), fils du précédent, peintre d'histoire, n. 1649, m. 1717.

Quitt. sig., sur vélin; Paris, 22 déc. 1704, 1 p. in-8 oblong.

519. **Brosse** (Salomon de), architecte, qui construisit le palais du Luxembourg, n. à Verneuil (Seine-et-Oise), m. 1626.

Quitt. a. s.; 28 juin 1613, 1/2 p. in-4° oblong.

Reçu de 3000 livres tournois pour des ouvrages qu'il fait exécuter pour le duc de Bouillon en son logis du faubourg Saint-Germain-des-Prés, rue de Seine, à Paris.

520. **Caffieri** (Philippe II), sculpteur et ciseleur, n. 1714, m. 1774.

L. a. s. à M. Le Grand Baquier; Paris, 24 sept. 1766, 1 p. in-4°.

Il va achever la figure de Milady.

521. **Caffieri** (J.-J.), sculpteur célèbre par ses bustes, n. 1725, m. 1792.

L. a. s.; Paris, 20 mars 1775, 2 p. in-4°.

Il vient de finir et de faire placer dans une niche de la chapelle de Saint-Grégoire, à l'église des Invalides, une figure en marbre représentant sainte Sylvie, mère du pape saint Grégoire.

522. **Caliari** (Paolo), dit *Paul Véronèse*, un des plus grands peintres de l'école vénitienne, n. 1530, m. 1588.

L. a. s. à M. Ant. Gand, à Trévise; Venise, 6 juin (?) 1578, 3/4 de p. in-fol., trace de cachet. Très-belle pièce. — P.

523. **Canova** (Antonio), grand statuaire italien, n. 1757, m. 1822.

L. a. s. à Visconti; Rome, 13 nov. 1811, 1 p. pl. in-4°.—P.

Très-belle lettre où il témoigne de son admiration et de son affection pour Visconti.

524. **Casanova** (François), peintre de batailles, n. 1727, m. 1805.

L. a. s. à M. Desnouelle; 30 déc. 1778, 1 p. in-8.

525. **Cellini** (Benvenuto), un des plus grands artistes de l'Italie, n. 1500, m. 1570.

L. a. s. à ..., à Florence; Rome, 2 juin 1526, 3/4 de p. in-4° oblong, trace de cachet. Brûlure enlevant une dizaine de mots et une partie de l'adresse.

Précieuse pièce, signée : *Il vostro Benvenuto, horefice in Roma*. Il a donné la cornaline à Jacques Sansovino. « Je travaille à vos anneaux et vous sers bien. Je voudrais que vous me fassiez donner la pierre que vous vouliez que je mette à votre anneau. »

526. **Chabry** (Marc), sculpteur, élève du Puget, auteur du bas-relief de Louis XIV placé au-dessus de l'entrée de l'hôtel de ville de Lyon, n. à Barbantane, 1660, m. 1727.

L. a. s. à Mgr...; Carrare, 27 juin 1714, 4 p. in-fol.

Relative à un achat de marbres.

527. **Chantrey** (sir Francis), un des plus célèbres sculpteurs de l'Angleterre, n. 1782, m. 1841.

L. a. s. à George Cooke; 26 oct. 1820, 1 p. in-4°. — P.

528. **Clodion** (Cl. Michel, dit), sculpteur, célèbre par ses figurines de terre cuite, n. à Nancy, 1738, m. 1814.

L. a. s. au comte ...; Paris, 10 mai 1776, 2 p. in-4°.

Il demande le remboursement de quatre blocs de marbre.

529. **Cochin** (Ch.-Nic.), graveur, n. 1715, m. 1790.

1° L. a. s. à Belle; Marseille, 3 sept. 1751, 3 p. in-4°. Tachée. — 2° L. a. s., 4 p. in-8. Intéressante.

530. **Cosway** (Richard), célèbre peintre en miniature anglais, n. 1740, m. 1821.

L. a. s. (au comte d'Angiviller); Londres, 5 novembre 1787, 1 p. in-4°. Pièce montée.

Envoi des cartons de Raphaël et de Jules Romain qu'il a offerts au Roi.

531. **Coustou** (Nicolas), grand sculpteur, n. à Lyon, 1658, m. 1733.

Quitt. sig., sur vélin; 6 juin 1706, 1 p. in-8 oblong.

532. **Coustou** (Guillaume), frère du précédent, habile sculpteur, n. à Lyon, 1677, m. 1746.

P. s.; Paris, 1er mai 1743, 2 p. in-fol.

533. **Coypel** (Noël), grand peintre d'histoire, dit *Coypel le Poussin*, n. 1628, m. 1707.

P. s., sur vélin; Paris, 28 juillet 1669, 1 p. in-4° oblong. Jaunie.

Reçu de 1,000 livres tournois à-compte sur les ouvrages de peinture et dorure par lui faits et à faire au petit appartement du Roi d'en haut, au palais des Tuileries.

534. **Coypel** (Antoine), fils du précédent, célèbre peintre d'histoire, n. 1661, m. 1722.

Quitt. sig., sur vélin; Paris, 17 juillet 1704, 1 p. in-8 oblong.

535. **Coypel** (Ch.-Ant.), fils du précédent, premier peintre de Louis XV, n. 1694, m. 1752.

L. a. s.; Paris, 13 oct. 1751, 2 p. in-4°.

Demande des brevets destinés aux élèves Deshayes et Guiard qui ont remporté les premiers prix et vont partir pour Rome.

536. **Cruikshank** (George), dessinateur et caricaturiste anglais.

L. a. s. à M. Feuillet de Conches; Londres, 16 sept. 1836, 1 p. in-4°.

537. **David** (J.-L.), peintre d'histoire, chef de l'école classique, n. 1748, m. 1825.

L. a. s. au ministre de l'intérieur; Paris, 7 frimaire an IX, 1 p. 3/4 in-4°. Légère coupure n'atteignant pas le texte.

Invité à se réunir à un nombre d'artistes désignés pour former une *société libre des arts du dessin,* il refuse formellement; car l'expérience a démontré que la décadence des arts, tant en Italie qu'en France, n'est due qu'à ces mêmes réunions d'artistes. C'est pour cette raison qu'il a donné sa démission d'académicien et renvoyé son diplôme.

538. **David.** L. a. s. à l'intendant général de la maison de l'Empereur; 5 fév. 1806, 2 p. in-4°.

Il demande que Sa Majesté fixe le prix de ses ouvrages et du tableau des *Sabines.* Il a terminé les trois portraits du Saint-Père, l'un pour Sa Sainteté, l'autre pour l'Empereur, et le troisième pour l'Impératrice. Il travaille au portrait en pied de l'Empereur destiné à la ville de Gênes.

539. **David.** L. a. s. à M. Boilly, 1 p. in-4°.

Il est flatté de son projet et il se met entièrement à sa disposition. (Il s'agit du tableau de Louis Boilly représentant le public au Musée lors de l'exposition du tableau du *Couronnement* de David.)

540. **Decamps** (A.-G.), un de nos meilleurs peintres de genre, n. 1803, m. 1860.

L. a. s. à M. Al. David, peintre; Hyères, 12 mars (1833), 3 p. pl. in-4°. Légère déchirure par la rupture du cachet.— P.

Lettre intime où il parle des études qu'il fait en ce moment à Hyères. Il remercie M. Maison d'avoir mis son petit tableau au Salon.

541. **Decamps.** L. a. s. à Mlle Marix, 1 p. in-8.

542. **Delacroix** (Eugène), peintre d'histoire, chef de l'école romantique, n. 1799, m. 1863.

L. a. s. à Henriquel-Dupont; samedi soir, 1 p. in-8.

Il lui envoie son gâchis qu'il l'engage à retoucher.

543. **De Marne** (J.-L.), peintre de genre, n. 1744, m. 1829.

L. a. s. (à M. René); Paris, 17 nov. 1819, 1 p. in-4°.

Lettre d'une orthographe inculte : il annonce l'envoi d'un tableau.

544. **Descamps** (J.-B.), peintre de l'école flamande, auteur de la *Vie des peintres,* n. à Dunkerque, 1714, m. 1791.

L. a. s. (au comte de Caylus ?); Rouen, 21 mai 1759, 2 p. in-4°.

Relative à l'école de dessin dont il était directeur.

545. **De Troy** (J.-Fr.), peintre d'histoire, n. 1659, m. 1752.

L. a. s. à Mgr ...; Rome, 5 fév. 1740, 1 p. in-fol.

L'état du Pape lui fait craindre qu'on ne puisse pas continuer les ouvrages du Vatican en cas d'un conclave. (Clément XII, en effet, mourut le 6 février.)

546. **Doyen** (Gab.-Fr.), peintre d'histoire, n. 1726, m. 1806.

L. a. s. à MM. ...; galeries du Louvre, 30 mai 1791, 2 p. in-4°.

547. **Drevet** (Pierre), un des plus célèbres graveurs de son temps, n. en Dauphiné, 1664, m. 1739.

Quitt. sig., sur vélin; Paris, 18 nov. 1698, 1 p. in-8 oblong.

548. **Dumonstier** (Daniel), un des créateurs de la peinture en France, n. 1550, m. 1631.

P. s.; Paris, 18 mai 1610, 3 p. in-fol.

C'est son contrat de mariage avec Geneviève Balifre, fille de Claude Balifre, maître des enfants de musique de la chambre du Roi.

549. **Duplessis** (Jos.-Siffrein), peintre, qui excella dans le portrait, n. à Carpentras, 1725, m. 1802.

L. a. s. au comte ...; Paris, 25 déc. 1773, 1 p. in-4°.

Il a fait le portrait du Roi qui lui a été commandé par le ministère des affaires étrangères.

550. **Dupré** (Guillaume), sculpteur, qui fit la statue de Henri IV sur le Pont-Neuf, m. 1643.

P. s., sur vélin; Paris, 31 mars 1633, 1 p. in-4° oblong.

Reçu de 200 livres pour un quartier de ses gages de contrôleur des poinçons et effigies des monnaies de France.

551. **Eisen** (Ch.), graveur, célèbre par ses illustrations des *Contes* de La Fontaine, n. 1721, m. 1778.

P. s.; Paris, 31 mars 1758, 1 p. in-4°.

552. **Errard** (Charles), peintre et architecte, fondateur et premier directeur de l'Académie de France à Rome, n. à Nantes, 1606, m. 1689.

P. s.; Rome, 3 juillet 1683, 1 p. 3/4 in-fol.

Rôle des journées employées par le peintre Canonville pour copier l'*Attila* de Raphaël au Vatican. On voit que le prix de cette copie a été de 96 livres 10 sous 3 deniers.

553. **Falconet** (Et.-M.), sculpteur, auteur de la statue colossale de Pierre le Grand à Saint-Pétersbourg, n. 1716, m. 1791.

L. a. s.; Paris, 5 mai 1755, 2 p. in-4°.

Demande de la pension vacante par la mort de M. Lemoyne.

554. **Ficquet** (Etienne), un des meilleurs graveurs du XVIIIe siècle, n. 1731, m. 1794.

P. s.; 13 nov. 1757, 1 p. in-4° oblong. Deux traits de plume sur la signature.

Il promet de remettre à M. Joly, garde du cabinet de la Bibliothèque du Roi, deux portraits de Cicéron et de Vandermeulen.

555. **Flaxman** (John), un des meilleurs sculpteurs de l'Angleterre, n. 1755, m. 1826.

L. a. s. à M. Ch. Taylor; 29 mars 1811, 1 p. pl. in-4°. Belle pièce.

556. **Fragonard** (J.-H.), peintre, brillant disciple de Vanloo et de Boucher, n. à Grasse (Provence), 1732, m. 1806.

L. a. s. au cit. Sauvigny, 1/2 p. in-8. *Rare.*

Il donne ses nom, prénoms et adresse.

557. **Gauffier** (Louis), peintre d'histoire, n. à La Rochelle, 1761, m. 1801.

L. a. s. à Belle; 30 août 1791, 2 p. 1/2 in-18.

558. **Gérard** (le baron François), peintre d'histoire, de l'Institut, n. 1770, m. 1836.

1° L. a. s. à M. Boilly; 12 mars, 1 p. in-4°. — 2° L. a. s.; 1822, 2 p. in-4°. — 3° L. a. s. de Mlle Godefroid.

559. **Géricault** (J.-L.-Théod.-A.), illustre peintre, auteur du *Radeau de la Méduse,* n. 1790, m. 1824.

L. a. s. à Horace Vernet; Londres, 6 mai, 3 p. pl. in-4°. *Rare.*

Très-curieuse lettre où il fait l'éloge de l'école anglaise. A l'exposition qu'il visite on voit des toiles admirables, des animaux de Ward et de Landseer, âgé de 18 ans. Il décrit ensuite un tableau de Wilkie, représentant les invalides de Greenwich lisant le bulletin de la bataille de Waterloo. « Je ne crains pas que vous me taxiez d'anglomanie, vous savez, comme moi, ce que nous avons de bon et ce qui nous manque. »

560. **Girardon** (Fr.), grand sculpteur, n. à Troyes, 1628, m. 1715.

P. s., sur vélin; Paris, 21 mai 1696, 1 p. in-4° oblong.

561. **Girodet-Trioson** (A.-L.), peintre d'histoire, membre de l'Institut, n. 1767, m. 1824.

L. a. s. (a M. Boilly); 11 février, 1 p. in-8.

Il donne ses nom, prénoms et qualités, et déclare être né le 29 janvier 1767 (les biographes disent le 5 janvier).

562. **Grandville** (J.-J.), spirituel dessinateur, n. 1803, m. 1847.

L. a. s. à M. Ed. Charton; 29 janv. 1835, 2 p. in-8.

Relative à des croquis dont il n'est pas satisfait.

563. **Greuze** (J.-B.), un des peintres les plus célèbres du XVIIIe siècle, n. 1726, m. 1805.

L. s. à M. Cavaignac; 25 mars 1785, 1 p. in-8. *Rare.*

564. **Greuze**. Pièce autographe, 1 p. in-4° oblong.

C'est un sujet de tableau sur le jeune Bazile à 13 ans. (Fragment d'un roman philosophique que Greuze voulait traduire en tableaux.)

565. **Gros** (le baron), peintre d'histoire, membre de l'Institut, n. 1771, m. 1835.

L. a. s. à M. Boilly; 21 mars 1818, 1 p. in-8.

566. **Guérin** (P.-N.), peintre d'histoire, membre de l'Institut, n. 1774, m. 1833.

L. a. s. à Chenard; Rome, 25 pluviôse an XII, 1 p. pl. in-4°.

Récit de son voyage en Italie.

567. **Harding** (John), peintre anglais, n. 1797.

L. a. s. à M. Thiers; Londres, 20 juillet 1836, 2 p. in-4°.
Remerciments d'un présent que lui a fait le roi Louis-Philippe.

568. **Houdon** (J.-Ant.), statuaire, de l'Acad. des Beaux-Arts, n. 1741, m. 1828.

L. a. s. au comte (d'Angiviller); 19 juillet 1782, 1 p. pl. in-4°.
Relative à des blocs de marbre.

569. **Ingres** (J.-Aug.-Dom.), peintre d'histoire, chef de l'école classique, n. 1780, m. 1867.

L. a. s.; Rome, 23 mars 1818, 1 p. in-4°. — P.
Il donne le sujet de son tableau d'*Angélique* destiné à la décoration de la salle du trône dans le palais de Versailles. « J'ai pensé que, d'après le choix que M. Bergeret a fait pour le sien d'un épisode du Tasse, l'Arioste devoit me fournir son pendant. »

570. **Ingres.** L. a. s. à Henriquel-Dupont; 13 janv. 1830, 1 p. in-8.
Remerciments de la belle estampe de *Gustave Wasa.*

571. **Joubert** (Jean), peintre en miniature du Roi, sous Louis XIV.
Quitt. aut. sig., sur vélin; 1694, 1 p. in-4° oblong.
Reçu de 150 livres pour un quartier de ses gages de peintre en miniature du Roi.

572. **Julien** (Pierre), sculpteur, membre de l'Institut, n. à Saint-Paulien (Haute-Loire), 1731, m. 1804.

L. a. s. à M. Seguin; Paris, 20 messidor an XII, 2 p. in-4°. Coupure dans un angle n'atteignant pas le texte.
Relative à sa célèbre statue de *la Baigneuse.* « Le refroidissement que vous manifestez à cet ouvrage me lie entièrement les bras et me dégouteroit de le suivre si vous n'y rémédiés par une pronte réponse. »

573. **Julien** (Simon), peintre, dit *Julien de Parme,* n. à Toulon, 1736, m. 1800.

Reçu aut. sig.; Paris, 25 avril 1788, 3/4 de p. in-8.

574. **Kauffmann** (Angelica), peintre habile, n. 1741, m. 1807.

L. a. s., en anglais, à miss Cornelia Knight, à Londres; 14 janv. 1801, 3 p. pl. in-4°.
Intéressante lettre où elle affirme son amour pour la peinture.

575. **Keller** (J.-Balthazar), commissaire général de l'artillerie de France, qui dirigea la fonte de la plupart des statues du parc de Versailles, n. 1638, m. 1702.

Quitt. aut. sig., sur vélin; 12 février 1698, 1 p. in-8 oblong. (*Coll. Lucas de Montigny.*)

576. **Lagrenée** (L.-J.-Fr.), peintre, surnommé l'*Albane français,* n. 1724, m. 1805.

L. a. s. à Cochin; Saint-Pétersbourg, 21 déc. 1760, 1 p. in-4°.
Il est arrivé la veille à Saint-Pétersbourg (où il était appelé par l'impératrice

Elisabeth) et son premier devoir est d'envoyer un témoignage de souvenirs à ses collègues de l'Académie de peinture.

577. **Lagrenée** (J.-J.), frère du précédent, peintre d'histoire, n. 1740, m. 1821.

L. a. s. à Mollien; Paris, 3 pluviôse, 1 p. in-4°.

578. **Landseer** (sir Edwin), peintre d'animaux, n. 1803, m. 1873.

1° L. a. s., 1 p. in-8. — 2° L. a. s. de son frère *Charles Landseer*, peintre de genre, 1 p. in-8.

579. **Largillière** (Nicolas de), grand peintre, surnommé *le Van Dyck français*, n. 1656, m. 1746.

Quitt. sig., sur vélin; Paris, 4 déc. 1704, 1 p. in-8 oblong.

580. **La Tour** (Maurice-Quentin de), un des plus grands peintres du XVIII° siècle, n. à Saint-Quentin, 1704, m. 1788.

L. a. s.; galeries du Louvre, 24 avril 1774, 2 p. in-4°. Jolie et rare pièce.

581. **Lawrence** (sir Thomas), grand peintre anglais, n. 1769, m. 1830.

L. a. s. au comte de Forbin; Londres, 16 juin 1828, 3 p. in-4°.

Il le remercie d'avoir admis son tableau au Salon. Il y a à Londres une exposition spéciale des ouvrages d'Horace Vernet et autres grands peintres de l'école française : ces tableaux sont fort admirés.

582. **Le Brun** (Charles), un des plus grands peintres du siècle de Louis XIV, n. 1619, m. 1690.

Reçu de 3 lignes aut. sig.; 7 déc. 1677, 1/4 de p. in-8 oblong.

Il déclare avoir reçu d'Audran des estampes.

583. **Le Brun** (Charles). P. s., sur vélin; Paris, 11 juill. 1688, 1 p. in-4° oblong.

Reçu de 300 livres pour un quartier de ses gages de premier peintre du Roi.

584. **Lebrun** (L.-Elisabeth Vigée), peintre de portraits, n. 1755, m. 1842.

L. a. s. au comte (d'Angiviller); (10 août 1788), 1 p. 1/2 in-4°.

N'ayant encore reçu qu'un à-compte de 6,000 fr. sur son portrait de la Reine, elle demande le reste du payement. Les circonstances peu favorables au commerce de son mari et les dépenses de leur nouvelle maison la forcent à faire cette démarche.

585. **Leclerc** (Sébastien), un des plus célèbres graveurs du siècle de Louis XIV, n. à Metz, 1637, m. 1714.

P. s., sur vélin; Paris, 28 nov. 1679, 1 p. in-4° oblong.

Reçu de 300 livres pour avoir achevé de graver une planche représentant la défaite du comte de Marsin d'après une tapisserie.

586. **Lecomte** (Félix), sculpteur, de l'Académie des Beaux-Arts, n. 1737, m. 1817.

L. a. s. au cit. Foubert; 16 frimaire an IX, 1 p. in-4°.

587. **Le Conte** (Louis), sculpteur, n. 1639, m. 1694.

P. s., sur vélin; 6 sept. 1683, 1 p. in-4° oblong.

Reçu de 100 livres à-compte des deux groupes de figures par lui faits sur la face du château de Marly à droite en entrant, représentant Flore et les Plaisirs.

588. **Le Gros** (Pierre Ier), sculpteur, n. à Chartres, 1628, m. 1714.

P. s., sur vélin, sig. aussi par *Gaspard Marsy*, *Jacques Houzeau*, *Benoît Masson* et *Etienne Lehongre*, tous sculpteurs ordinaires du Roi; Paris, 25 fév. 1671, 1 p. in-4° oblong.

Reçu de 4,000 livres à-compte des trophées qu'ils font pour le château de Versailles.

589. **Lemoyne** (Jean-Louis), sculpteur, n. 1665, m. 1755.

Quitt. sig., sur vélin; Paris, 20 oct. 1699, 1 p. in-8 oblong.

590. **Lemoyne** (J.-B.), fils du précédent, sculpteur, auteur du tombeau de Mignard dans l'église Saint-Roch, n. 1704, m. 1778.

L. a. s.; 7 sept. 1763, 2 p. in-fol.

Il donne la mesure des blocs de marbre qui lui sont nécessaires pour l'exécution du tombeau de feu M. de Crébillon et des deux bustes et des deux médaillons des dames de France.

591. **Lenain** (Matthieu), peintre de genre, n. à Laon, 1607, m. 1677.

Quitt. sig., sur vélin; Paris, 24 sept. 1656, 1 p. in-8 oblong.

592. **Lepaultre** (Pierre), sculpteur, n. 1659, m. 1744.

Quitt. sig., sur vélin; Paris, 23 janv. 1710, 1 p. in-8 oblong.

593. **Lépicié** (Nic.-Bertrand), peintre et graveur, n. 1735, m. 1784.

P. s.; Paris, 12 mars 1743, 1 p. in-4°.

Certificat accordé au peintre Belle, élève de M. Pierre.

594. **Lépicié**. P. s.; 25 sept. 1751, 1 p. in-fol.

Approbation donnée par l'Académie de peinture à Lépicié qui venait de faire le tome Ier du Catalogue raisonné des tableaux de Sa Majesté.

595. **Liotard** (J.-Michel), graveur suisse, n. 1702, m. 1760.

P. a. s.; Paris, 29 juin 1733, 1 p. in-4°.

596. **Mansart** (Jules Hardouin), grand architecte, qui construisit le palais de Versailles, n. 1645, m. 1708.

L. s.; 26 juillet 1695, 3 p. in-4°.

Relative aux ouvrages à faire à l'hôtel de Toulouse.

597. **Marsy** (Gaspard), habile sculpteur, qui travailla aux Tuileries, n. à Cambrai, **1625**, m. **1681**.

P. s., sur vélin, sig. aussi par son frère *Balthasar Marsy*, (sculpteur, n. 1628, m. 1674); 13 janv. 1667, 1 p. in-8 oblong.

Reçu de 600 livres tournois à-compte des ouvrages de sculpture qu'ils ont faits et font pour les fontaines du château de Versailles.

598. **Martin** (John), peintre anglais, n. **1789**, m. **1854**.

L. a. s. au comte de Forbin; 23 fév. 1835, 1 p. in-8.

Relative à son tableau du *Déluge* qu'il ne peut envoyer à Paris.

599. **Mayer** (Constance), peintre d'histoire, élève et amie de Prud'hon, n. **1775**, m. par suicide, **1821**.

L. a. s. à Mme Tastu; jeudi matin, 1 p. in-4°. Jolie lettre.

600. **Meissonier** (E.), peintre de genre, membre de l'Institut, n. **1811**.

L. a. s., 3 p. in-12.

601. **Meissonier**. P. a. s., 18 p. 1/4 in-4°, écrites à mi-marge.

Très-curieux mémoire où il raconte ses rapports avec un marchand de tableaux nommé Gambart. Il y parle de la gravure des *Joueurs d'échecs* faite sans son autorisation.

602. **Mellan** (Claude), un des plus habiles graveurs du XVIIe siècle, n. à Abbeville, **1598**, m. **1688**.

L. a. s. à M. Chartre, 1/2 p. in-fol. Moisie au milieu et raccommodée.

Envoi du portrait de Peiresc.

603. **Ménageot** (Fr.-Guill.), peintre d'histoire, de l'Acad. des Beaux-Arts, n. **1744**, m. **1816**.

L. a. s. (au peintre Belle); Rome, 27 janv. 1790, 3 p. in-4°.

Il lui annonce que son fils rentre en France par suite d'une malheureuse affaire à laquelle il s'est trouvé mêlé.

604. **Mengs** (Ant.-Raphaël), peintre allemand, n. **1728**, m. **1779**.

L. s., avec la souscript. aut., au graveur Wille; Rome, 12 janv. 1757, 3 p. in-fol., cachet. Légères taches d'eau.

605. **Michallon** (Achille-Etna), peintre de paysage, n. **1796**, m. **1822**.

L. a. s. à M. David; Paris, 1er avril 1822, 1 p. in-4°. — P.

606. **Mignard** (Pierre), le grand peintre, n. à Troyes, **1610**, m. **1695**.

L. a. s. à M. Marion, 3/4 de p. pet. in-4°.

607. **Moitte** (J.-Guill.), sculpteur, n. **1747**, m. **1810**.

L. a. s. aux citoyens composant la Société des sciences et arts; Milan, 14 pluviôse an V, 1 p. in-4°. Intéressante.

608. **Monnoyer** (J.-B.), peintre de fleurs et de fruits, n. 1635, m. 1699.

Quitt. sig., sur vélin; Paris, 12 juillet 1695, 1 p. in-8 oblong.

609. **Moreau** (J.-M.), dit *le jeune*, un des plus célèbres dessinateurs de son temps, n. 1741, m. 1814.

L. a. s. à M. ...; 23 brumaire an V, 1 p. 1/4 in-4°.

Il vient de lire la liste des objets d'art choisis à Rome pour être envoyés en France. Parmi les tableaux, il n'en voit aucun de Jules Romain et il proteste contre cette omission.

610. **Morghen** (Raffaele), graveur italien, n. 1758, m. 1833.

1° L. a. s. à M. Fontanel; Florence, 6 août 1795, 1 p. in-4°. — 2° L. s.; 1810, 2 p. in-4°.

611. **Natoire** (Ch.-Jos.), peintre et graveur, n. à Nîmes, 1700, m. 1777.

L. a. s. à Descamps; Rome, 6 janv. 1773, 1 p. in-4°, cachet.

612. **Nattier** (Jean-Marc), célèbre peintre de portraits, n. 1685, m. 1756.

L. a. s.; Paris, 23 octobre 1753, 2 p. in-4°.

Relative à un de ses tableaux.

613. **Orléans** (Marie d'), fille de Louis-Philippe, auteur d'une statue de Jeanne d'Arc, n. 1813, m. 1839.

1° L. a. s., 3/4 de p. in-8. — 2° Billet aut. sig. *M.*, à Mme de Dolomieu, 1/2 p. in-18.

614. **Overbeck** (Frid.), peintre allemand, n. 1789, m. 1870.

L. a. s., en français, (à M. Maison); Rome, 20 avril 1850, 3 p. 1/2 in-8.

Malgré les épreuves qu'il a supportées, sa santé est bonne, et jamais il n'a travaillé avec plus de succès.

615. **Pajou** (Aug.), habile sculpteur, de l'Institut, n. 1730, m. 1809.

L. a. s. au comte (d'Angiviller); Paris, 6 mars 1790, 1 p. 1/2 in-4°.

Relative à un échange de blocs de marbre.

616. **Palladio** (Andrea), grand architecte italien, n. 1518, m. 1580.

Deux reçus autographes, à la 3e personne; 5 mars et 19 avril 1565, 1 p. in-8 oblong. (*Coll. Dolomieu.*)

Précieuse pièce, reproduite dans l'*Isographie*.

617. **Parrocel** (Charles), peintre d'histoire, n. 1688, m. 1752.

L. a. s.; Ypres, 18 juin 1746, 1 p. in-4°.

Il vient d'arriver à Ypres après avoir fait les vues de Gand, de Bruges, d'Ostende, de Nieuport et de Furnes.

618. **Patel** (Pierre), peintre de paysage, n. 1605, m. 1676.

P. s., sur vélin ; 23 mars 1671, 1 p. in-4° oblong.

Reçu de 400 livres à-compte des tableaux représentant les maisons royales de France.

619. **Perrault** (Claude), grand architecte, l'auteur de la colonnade du Louvre, n. 1613, m. 1688.

P. a. s. ; 3 oct. 1672, 1/2 p. in-8.

620. **Peyron** (J.-Fr.-P.), peintre d'histoire, n. à Aix, 1744, m. 1814.

L. a. s. au préfet ; Paris, 24 vendémiaire an XI, 1 p. pl. in-4°.

Il réclame contre la suppression de son traitement de professeur aux écoles centrales non en activité.

621. **Pierre** (J.-B.-M.), successeur de Boucher comme premier peintre du Roi, n. 1713, m. 1789.

L. a. s. à Belle ; au Louvre, 21 sept. 1783, 3/4 de p. in-4°. — P.

622. **Pigalle** (J.-B.), un des plus célèbres sculpteurs du XVIIIe siècle, n. 1714, m. 1785.

L. a. s. au marquis de Marigny ; Paris, 5 mai 1755, 2 p. in-4°.

Il demande une augmentation de sa pension, qui n'est que de 500 livres.

623. **Pillon** (Germain), un des plus grands sculpteurs qu'ait produits la France, n. 1535, m. 1590.

P. s. ; 5 mai 1574, 1 p. in-4° oblong. *Pièce fort rare.*

Reçu de 50 livres tournois pour un quartier de rente.

624. **Poussin** (Nicolas), un de nos plus grands peintres, n. 1594, m. 1665.

P. s., sur vélin ; 16 sept. 1641, 1 p. in-8 oblong.

Reçu de 2,000 livres pour son tableau de *la Cène* qu'il a fait pour la chapelle de Saint-Germain-en-Laye. (Ce tableau est actuellement conservé au Louvre.)

625. **Primadiccio** (Francesco), dit *le Primatice*, peintre, sculpteur et architecte italien, un des plus grands artistes de son temps, n. 1490, m. 1570.

L. sig. *Bologne ;* 5 déc. 1567, 1/2 p. in-fol. *Précieux document.*

Ordre de payer 45 livres tournois à Louis Lezambert, tailleur de pierre, pour avoir taillé plusieurs colonnes, bases, chapiteaux, etc. « pour servir à la sépulture du feu Roy Henry dernier décédé. »

626. **Prud'hon** (P.-P.), grand peintre d'histoire, n. 1758, m. 1825.

L. a. s. à M. Fauconnier, 3/4 de p. in-4°.

Lettre écrite pendant son séjour à Rome (de 1785 à 1789). Il va faire pour la province une copie d'un tableau de Pierre de Cortone, assez mauvais peintre. Il n'est pas fort content d'entreprendre cet ouvrage, « mais aussi après cela je pourrai travailler pour moy en toute liberté et chercher à commencer ma réputation.

627. **Prud'hon.** L. a. s. au préfet; Paris, 17 nov. 1815, 3/4 de p. in-4°.

Informé qu'on doit enlever de la salle du tribunal criminel son tableau de *la Justice et la vengeance divine poursuivant le crime* pour mettre un Christ à la place, il demande que ce tableau, dont il est l'auteur, soit déposé chez lui jusqu'à ce qu'on lui ait assigné une nouvelle place.

628. **Puget** (Pierre), un de nos plus grands sculpteurs, n. à Marseille, 1622, m. 1694.

L. a. s. (à Colbert de Villacerf); Marseille, 21 avril 1692, 3 p. in-4°.

Précieux document. — Il demande le payement de ce qui lui est dû. M. de Louvois lui ayant dit que Sa Majesté désirait la continuation de ses ouvrages et qu'elle avait été satisfaite de l'*Andromède* et du *Milon*, il veut s'occuper à quelques beaux ouvrages, et à cet effet il a fait venir « une très belle piesse de groseur extraordinaire de marbre. » Il commencera le travail quand il sera payé de ce qui lui est dû pour le bas-relief d'*Alexandre* « car les grands ouvrages trainent, de grands frais. »

629. **Redouté** (P.-J.), le célèbre peintre de fleurs, n. 1759, m. 1840.

L. a. s. à la M^ise de Dolomieu; 14 avril 1823, 1 p. in-4°.

Envoi d'une aquarelle.

630. **Regnaudin** (Thomas), sculpteur, dont on voit plusieurs œuvres dans le parc de Versailles, n. 1627, m. 1706.

Quitt. sig., sur vélin; 23 mai 1704, 1 p. in-8 oblong.

631. **Reynolds** (Joshua), un des plus grands peintres de l'Angleterre, n. 1723, m. 1792.

Quatre lignes autographes, 1 p. in-4° oblong. — P.

632. **Rigaud** (Hyacinthe), grand peintre, n. 1659, m. 1743.

L. a. s., 1 p. in-4°. *Très-rare.*

633. **Rivalz** (Pierre), peintre, n. à Toulouse, 1720, m. 1785.

P. a. s.; Toulouse, 5 avril 1771, 1/2 p. in-4°.

Reçu de 60 livres pour un tableau représentant le Christ, destiné à être placé dans l'église de Reignés dépendante du grand prieuré de Toulouse.

634. **Robert** (Hubert), peintre, qui donna le dessin du Petit-Trianon, n. 1733, m. 1808.

L. a. s. au comte (d'Angiviller); 6 nov. 1785, 4 p. in-4°.

Intéressante lettre artistique. Il ne sera payé de ses deux tableaux envoyés en Russie qu'à la fin de l'année prochaine : aussi est-il dans l'embarras.

635. **Robert** (Léopold), peintre célèbre, n. 1794, m. 1835.

L. a. s. au comte de Forbin; Rome, 23 juillet 1824, 1 p. 3/4 in-4°. — P.

Prière d'admettre au Salon plusieurs de ses tableaux, entre autres *l'Improvisateur napolitain*. (On sait que ce tableau obtint le plus heureux succès.)

636. **Robert-Fleury**, peintre d'histoire, de l'Institut, n. 1797.

1° L. a. s., 1 p. in-8. — 2° Son portrait dessiné à Rome, en 1825, par M. Boilly, 1 p. in-8.

637. **Roland** (Ph.-L.), sculpteur, de l'Institut, n. 1746, m. 1816.

1° Deux reçus aut. sig.; 1792 et 1793, 2 p. in-8 oblong. Déchirures. — 2° Lettre de Roland à M. Lucas de Montigny, qui ne nous paraît pas être de sa main; Paris, 24 déc. 1808, 1 p. in-4°. — 3° Dessin et calque de la main de Roland.

638. **Roman** (J.-B.-L.), sculpteur, de l'Institut, n. 1792, m. 1835.

L. a. s. à Seurre, à Rome; Paris, 17 janv. 1822, 3 p. pl. in-4°.

Intéressante lettre où il parle de son maître Cartellier et de son ami Petitot.

639. **Rosalba-Carriera**, femme peintre, célèbre par ses admirables pastels, n. 1671, m. 1757.

L. a. s. (à Coypel); Venise, 10 oct. 1721, 2 p. 1/4 in-4°. *Très-rare.*

Elle annonce qu'elle envoie à l'Académie de peinture un pastel dans lequel elle a représenté une nymphe de la suite d'Apollon faisant présent de sa part d'une couronne de lauriers à l'Académie de Paris.

640. **Roslin** (Alexandre), peintre de portraits, n. 1718, m. 1793.

P. s., 1 p. in-4° oblong.

Cette pièce est signée *Roslin le Suédois.*

641. **Sarazin** (Jacques), sculpteur, l'auteur des cariatides du Louvre, n. à Noyon, 1590, m. 1660.

P. sig., sur vélin, sig. aussi par le peintre *Michel Corneille*; 24 sept. 1657, 1 p. in-8 oblong. Jaunie.

642. **Servandoni** (J.-Jérôme), architecte et peintre, auteur du portail de l'église Saint-Sulpice, n. 1695, m. 1766.

P. s., sig. aussi par le sculpteur *De Bruyne*; Paris, 2 oct. 1743, 1 p. in-4°.

Traité par lequel De Bruyne s'engage envers Servandoni à faire neuf bordures pour des dessus de porte en l'hôtel du cardinal d'Auvergne, rue de l'Université.

643. **Sigalon** (Xavier), peintre d'histoire, n. 1788, m. 1837.

P. a. s.; 29 juin 1828, 1/2 p. in-4°.

644. **Silvestre** (Israël), dessinateur et graveur, célèbre par sa belle suite des vues d'Italie et de France, n. à Nancy, 1621, m. 11 octobre 1691.

P. s., sur vélin; 1er août 1691, 1 p. in-fol. oblong.

645. **Slodtz** (Sébastien), sculpteur flamand, n. 1655; m. 1726.

P. s., sur vélin; Paris, 30 sept. 1691, 1 p. in-4° oblong. Coupure dans un angle.

Reçu de 200 livres à-compte de la sculpture qu'il fait en pierre à l'un des bas-reliefs de l'*Histoire de saint Louis* à l'église des Invalides.

646. **Slodtz** (René-Michel, dit Michel-Ange), fils du précédent, habile sculpteur, n. 1705, m. 1764.

L. a. s. à Monseigneur ...; Carrare, 22 mars 1741, 4 p. in-fol.

Relative à un achat de blocs de marbre.

647. **Soufflot** (J.-G.), l'architecte du Panthéon, n. 1713, m. 1780.

L. a. s.; Paris, 7 oct. 1767, 1 p. in-fol.

Relative à l'Académie d'architecture.

648. **Strange** (sir Robert), un des plus célèbres graveurs de l'Angleterre, n. 1721, m. 1792.

L. a. s., en français, au comte (d'Angiviller); Londres, 14 août 1781, 2 p. 1/2 in-4°.

Ayant fort mal aux yeux il s'est résolu à voyager; aussi va-t-il venir à Paris pour exposer une de ses œuvres.

649. **Swebach** (Jacques), peintre, n. à Metz, 1769, m. 1823.

1° L. a. s. au président de la Société des amis des arts; Paris, 12 frimaire an VII, 3/4 de p. in-4°.

Relative à son désir d'être admis au nombre des membres de la Société.

2° L. a. s. à son cher Louis; Moscou, 1er mai 1818, 1 p. in-4°.

Relative à son séjour en Russie où il a déjà gagné 50,000 francs.

650. **Thorvaldsen** (Bertel), illustre sculpteur danois, n. 1770, m. 1844.

L. a. s., en italien; Rome, 4 juin 1834, 1 p. in-4°. *Très-rare.*

651. **Tournière** (Robert de), peintre de Louis XIV.

P. s., sur vélin; Paris, 30 août 1711, 1 p. in-8 oblong.

652. **Tuby** (J.-B.), sculpteur, qui décora Versailles, n. 1635, m. 1700.

P. s., sur vélin; 27 avril 1679, 1 p. in-4° oblong.

Reçu de 134 livres 4 sous 6 deniers pour le reste des 2,834 livres 4 sous 6 deniers « à quoy montent les ouvrages de sculpture qu'il a faits tant à la fontaine de Flore du petit parc de Versailles que pour le bas-relief de la cheminée de la pièce octogone de l'appartement bas du château et la figure de plastre du parterre d'eau de Versailles. »

653. **Van Clève** (Corneille), grand sculpteur, n. 1645, m. 1732.

P. s., sur vélin; Paris, 20 nov. 1686, 1 p. in-4° oblong.

Reçu de 200 livres à-compte du groupe d'enfants « qu'il a fait en terre dont il répare les cires pour le petit parc du chasteau de Versailles. »

654. **Vangelisti** (Vincent), célèbre graveur florentin du XVIIIe siècle.

P. a. s., en français; Paris, 8 juil. 1776, 1 p. in-4°.

Il s'engage à graver, pour la somme de 2,640 livres, le portrait de l'archevêque d'Auch, d'après Tischben, de la grandeur de celui du cardinal de Polignac, archevêque d'Auch, peint par Rigaud et gravé par F. Chereau. Au-dessous est l'approbation aut. sig. de l'archevêque d'Auch.

655. **Vanloo** (Carle), grand peintre, n. 1705, m. 1765.
P. s.; Paris, 20 janv. 1752, 1 p. in-4° oblong.

656. **Varin** (Jean), illustre graveur, n. 1604, m. 1672.
P. s., sur vélin; 28 janv. 1663, 1 p. in-fol. oblong.
Il déclare avoir reçu de M. de Bragelongne la somme de 4,400 livres pour la moitié de ce qui lui est dû pour la fourniture des jetons d'argent pour l'année 1663, y compris la bourse d'or pour le Roi et les bourses de velours et en broderie.

657. **Vasari** (Giorgio), architecte et peintre, auteur de la *Vie des peintres*, n. 1512, m. 1574.
L. a. s. à Fr. Busini; Florence, 10 fév. 1565, 1/2 p. in-fol., trace de cachet. Fortement piquée d'humidité.

658. **Verdier** (François), peintre, collaborateur de Le Brun, n. 1650, m. 1730.
P. s., sur vélin; Paris, 15 janv. 1708, 1 p. in-8 oblong.

659. **Vernet** (Joseph), le grand peintre de marines, n. à Avignon, 1714, m. 1789.
L. a. s.; Toulon, 18 mars 1756, 2 p. in-fol. oblong.
Il va peindre la vue du port d'Antibes pour le Roi. Il demande qu'on donne des ordres pour qu'il puisse opérer librement. Il compte mettre des galères dans ce tableau et il va faire une étude de ces sortes de bâtiments.

660. **Vernet** (Carle), fils du précédent, peintre de chevaux, n. 1758, m. 1836.
L. a. s. à Chenard; Nice, 19 janv. 1820, 2 p. 1/4 in-8. — P.
Relative à son départ pour l'Italie avec son fils Horace. Ils sont retenus par le mauvais temps à Nice.

661. **Vernet** (Carle). 1° L. a. s. à Belle, 3/4 de p. in-8. — 2° L. aut. à une dame, 1/2 p. in-4°. Curieuse.

662. **Vernet** (Horace), fils du précédent, peintre de batailles, n. 1789, m. 1863.
1° L. a. s. à M. Boilly; 14 janv. 1823, 1/2 p. in-4°. — 2° L. a. s. à Desgenettes; Rome, 20 mai 1834, 1 p. in-4°. — 3° L. aut., sig. de ses initiales, (à Tardieu); 1er déc. 1836, 1 p. in-8.
Relative à la mort de son père. « Vous avez su apprécier les belles qualités de votre ancien camarade; mon père était aussi le mien!... »

663. **Vien** (J.-M.), peintre d'histoire, maître de David, n. à Montpellier, 1716, m. 1809.
L. a. s. à son beau-frère Reboul; Rome, 29 janv. 1777, 3 p. pl. in-4°. Intéressante.

664. **Vien.** L. a. s.; Rome, 21 juillet 1779, 2 p. 1/2 in-4°.
Relative à David qui a recommencé plusieurs fois son académie pour répondre à la bonne opinion qu'on peut avoir de ses talents. Vien, pour le distraire, l'envoie à Naples avec son camarade, le sculpteur Susanne.

665. **West** (Benjamin), grand peintre américain, n. 1738, m. 1820.

Reçu de 4 lignes aut. sig.; 7 fév. 1788, 1 p. in-8 oblong. Pièce montée.

666. **Wicar** (J.-B.-Jos.), peintre, qui légua au musée de Lille sa belle collection de dessins, n. 1762, m. 1834.

L. a. s., en italien, à Lasinio; (Rome, 12 juin 1823), 3/4 de p. in-4°.

667. **Wille** (J.-G.), graveur allemand, n. 1715, m. 1808.

L. a. s. à Fontanel, garde des dessins de l'Académie de Montpellier; Paris, 25 juin 1793, 1 p. in-4°. Légère déchirure.

Sur sa demande, il lui envoie le relevé de ce qu'il doit pour des exemplaires de ses gravures à lui fournis en 1776, mais il ne veut accepter aucun intérêt.

668. **Wren** (sir Christopher), architecte anglais, qui construisit l'église Saint-Paul, n. 1632, m. 1723.

P. s.; 11 octobre 1712, 1/2 p. in-4° oblong.

669. **Architectes.** 15 l. a. s.

Antoine, Blouet, Chalgrin, Gondoin, Huyot, Percier, Verniquet, etc.

670. **Dessinateurs.** 11 l. a. s.

Cham, Charlet, Daumier, Gavarni, Raffet, etc.

671. **Graveurs.** 8 l. a. s.

Desnoyers, Henriquel-Dupont, Forster, Massard, Pye, Raimbach, Roger, et *Saint-Aubin.*

672. **Graveurs italiens.** 5 l. a. s.

Calamatta, Longhi, Rosaspina, Toschi, et *Volpato.*

673. **Peintres.** 11 l. a. s.

Bellangé, Brascassat, Granet, Mirbel (Mme de), *Monnet, Renou, Restout, Taunay,* etc.

674. **Peintres.** 8 l. a. s.

Drolling, Houel, Jaquotot (Mme), *Suvée,* etc.

675. **Peintres.** 11 l. a. s. adressées à M. Boilly.

Cogniet, Fabre, Forbin, Guérin, Hersent, Isabey père, *Lethière, Meynier, Robert-Lefèvre, Vandael,* et *Van-Spaendonck.*

676. **Peintres d'histoire.** 14 l. a. s.

Blondel, Bouillon, Couder, 2 let., *Delaroche* (Paul), *Flandrin, Garnier, Heim, Regnault, Roqueplan, Scheffer* (Ary), *Schnetz, Thévenin,* et *Vincent.*

677. **Peintres de paysage.** 9 l. a. s.

Cabat, Corot, Dupré, Fromentin, Huet (Paul), *Marilhat, Valenciennes,* etc.

678. **Peintres étrangers.** 10 l. a. s.
Brockedon, *Calame*, *Camuccini*, *Cornelius*, *Lessing*, *Schadow*, etc.

679. **Sculpteurs.** 15 l. a. s.
Bonnassieux, *Cartellier*, *Cavelier*, *Cortot*, *Dupaty*, *Duret*, 2 let., *Guillaume*, *Jaley*, *Nanteuil*, *Petitot*, *Pradier*, *Ramey* fils, 2 let., et *Simart*.

680. **Sculpteurs.** 7 l. a. s.
Barye, *Chaudet*, *David d'Angers*, *Gois*, *Jouffroy*, *Lemot*, et *Rude*.

681. **Sculpteurs étrangers.** 9 l. a. s.
Bartolini, *Rauch*, *Rietschel*, *Schadow*, *Tenerani*, *Westmacott*, etc.

COMPOSITEURS DE MUSIQUE

682. **Beethoven** (Ludwig van), n. 1770, m. 1827.
L. a. s.; (7 juin 1823), 2 p. in-4°, cachet. Superbe pièce.
Il est décidé à ne pas faire graver l'ouvrage qu'il vient de terminer, mais à l'offrir à toutes les grandes cours.

683. **Bellini** (Vincenzo), l'auteur de *la Norma,* n. 1802, m. 1835.
L. a. s. à son oncle Vincent Ferliti, à Catane; Venise, 28 mars (1830), 2 p. in-8.
Curieuse lettre signée *Vincenzo* et relative à son opéra de *Roméo et Juliette* qui venait d'obtenir le plus heureux succès à Venise. Cette réussite lui fera une grande réputation. Son style est désormais adopté sur les trois plus grandes scènes du monde, Saint-Charles, la Scala et la Fenice, et on en est fanatisé. Aussi a-t-il du courage à étudier et à chercher à justifier l'opinion que le public a conçue de lui, qu'il formera une époque musicale.

684. **Bellini.** L. a. s. à Castil-Blaze; Puteaux, (1834), 2 p. in-18, cachet. Jolie lettre.

685. **Berton** (Henri), de l'Acad. des Beaux-Arts, n. 1766, m. 1844.
1° L. a. s. à Guillion, 1 p. in-4°. Lettre prose et vers. — 2° Morceau de musique autographe, 4 p. in-fol. — P.

686. **Boieldieu** (Adrien), l'auteur de *la Dame blanche,* n. 1775, m. 1834.
L. a. s. à Boilly (compositeur de musique), pensionnaire de l'Académie de France à Rome; Paris, 10 mai 1824, 2 p.

3/4 in-4°. Fatiguée dans les plis : déchirure enlevant une partie des dernières lignes de la lettre. — P.

Epître intime fort curieuse à son ancien élève. Nouvelles de Paris. On vient de jouer *le Barbier de Séville* à l'Odéon. Ici, comme ailleurs, on ne veut que du Rossini. Boieldieu parle d'une composition faite par lui et par Auber pour l'ouverture de l'Odéon et qui a été très-bien accueillie. « On me dit que sans imiter Rossini, ce que je me garderai bien de faire et pour cause, ces nouvelles compositions, toutes légères qu'elles sont, ont du chant, du brillant d'orchestre et une déclamation assez juste. Si je puis toujours réussir à réunir ces avantages, je crois que notre public s'en contentera, car il ne faut pas le faire plus exigeant qu'il n'est. Je m'aperçois même tous les jours qu'il n'aime la musique de Rossini que faite par lui, parce que, au fait, lui seul sait manier ce genre avec franchise. »

687. **Boieldieu.** 1° L. a. s. à Tardieu ; 22 janvier 1824, 1 p. in-8.

Il lui recommande son ami Topffer, de Genève, pour une place de correspondant de l'Académie des Beaux-Arts.

2° Fragment de musique autographe, 1 p. in-fol. oblong.

688. **Cherubini** (Louis), membre de l'Institut, n. 1760, m. 1842.

L. a. s. à M. Boilly ; Paris, 14 juin 1820, 1 p. 1/2 in-4°. — P.

Il envoie ses nom, prénoms et qualités pour être placés au bas de son portrait. Il demande qu'on ne mette pas la date de sa naissance. La masse du public doit ignorer son âge. « Tant que je composerai, je désire qu'il ne soit pas généralement connu, car dès qu'on sait qu'un compositeur est vieux on croit que sa verve est éteinte et qu'il n'a plus ni d'idées ni de chaleur. »

689. **Cherubini.** 1° L. a. s. à Halévy ; ce vendredi, 1 p. in-18. — 2° Portrait-charge de Cherubini dessiné à la plume par Serangeli.

690. **Cimarosa** (Dom.), l'auteur du *Mariage secret,* n. 1749, m. 1801.

Rondo, musique et paroles autographes, 7 p. in-fol. oblong.

Précieuse pièce certifiée par le fils de Cimarosa.

691. **Dalayrac** (Nic.), n. 1753, m. 1809.

Morceau de musique autographe avec paroles, 2 p. in-fol.

Fragment de son opéra de *Gulistan* représenté en 1805.

692. **Donizetti** (Gaetano), l'auteur de *la Favorite,* n. 1797, m. 1848.

L. a. s., en français ; Paris, 22 septembre, 1 p. 1/4 in-8.

Recommandation en faveur d'un ténor qui va débuter aux Italiens dans *Lucie.*

693. **Donizetti.** L. a. s., en français, 1 p. in-8.

694. **Dussek** (J.-L.), pianiste et compositeur allemand, n. 1764, m. 1812.

L. a. s., en français, à Mme Naderman ; 13 déc. 1811, 1 p. in-4°.

Envoi des secondes corrections de sa grande sonate.

695. **Fioravanti** (Valentino), célèbre par ses opéras bouffes, n. 1767, m. 1837.

L. a. s. au baron de Drieberg, 1 p. in-4°. Jolie pièce.

696. **Gossec** (Fr.-Jos.), membre de l'Institut, n. 1733, m. 1829.

L. a. s. à Boieldieu, à Saint-Pétersbourg; Paris, 19 thermidor an XII, 2 p. pl. in-4°. — P.

Il le félicite sur le succès de son opéra *Ma tante Aurore*. « Veuillez, mon cher confrère, penser quelque fois au vieux Gossec, votre admirateur, dont le génie glacé par l'âge s'est condamné pour jamais au silence. »

697. **Grétry** (A.-M.), l'auteur de *Richard Cœur de Lion*, n. 1741, m. 1813.

L. a. s. à M. de Favières; Paris, 1er août 1812, 1 p. pl. in-8.

Relative à son opéra de *Lisbeth* qu'il appelle *les derniers chants du Cygne*.

698. **Grétry**. *Romance*, musique et paroles autographes, 4 p. in-fol.

699. **Guglielmi** (Pietro), membre associé de l'Institut, n. 1727, m. 1804.

L. a. s.; Rome, 19 sept. 1804, 2 p. in-4°.

Lettre écrite deux mois avant sa mort et relative à sa nomination de membre associé de l'Institut de France.

700. **Halévy** (F.), auteur de *la Juive*, n. 1800, m. 1862.

1° 2 l. a. s., 1 p. 1/2 in-8. — 2° Morceau de musique autographe, 2 p. in-4°.

701. **Hasse** (J.-Ad.), n. 1699, m. 1783.

L. a. s., en italien, au comte d'Escherny; Vienne, 22 fév. 1768, 3 p. in-4°.

Toute relative à la musique.

702. **Haydn** (Fr.-Jos.), n. 1732, m. 1809.

Reçu aut. sig., en anglais; Vienne, 15 avril 1796, 1 p. in-4° oblong. — P.

703. **Hérold** (Ferd.), l'auteur du *Pré aux Clercs*, n. 1791, m. 1833.

L. a. s. à M. Armand-Seville, 1 p. in-4°.

704. **Lalande** (Michel de), surintendant de la musique de Louis XIV, n. 1657, m. 1726.

Quitt. sig., sur vélin; Paris, 3 nov. 1699, 1 p. in-8 oblong.

705. **Lambert** (Michel), maître de la musique de Louis XIV, beau-père de Lully, n. 1610, m. 1696.

P. s., sur vélin; 31 janv. 1670, 1 p. in-8 oblong.

Reçu de 600 livres pour sa pension pendant un semestre.

706. **Lully** (J.-B.), le créateur de l'Opéra en France, n. 1633, m. 1687.

P. s., sur vélin; 3 janv. 1667, 1 p. in-4° oblong. — P.

Reçu de 165 livres pour un quartier de ses gages de surintendant de la musique de la chambre du Roi.

707. **Lully** (J.-B. de), fils du précédent, surintendant de la musique du Roi, n. 1665, m. 1701.

P. s., sur vélin; 2 juillet 1698, 1 p. in-4° oblong.

Reçu de 165 livres pour un quartier de ses gages de surintendant de la musique du Roi.

708. **Méhul** (Et.-Henri), l'auteur de *Joseph*, n. 1763, m. 1817.

L. a. s. à Daussoigne (son neveu et son élève), à Paris; Hyères, 18 février (1817), 3 p. pl. in-8.

Toute relative à l'état de sa santé. Ce voyage, entrepris par ordre des médecins, est au-dessus de ses forces. L'air de Montpellier était trop vif; aussi Méhul n'est-il resté que deux jours dans cette ville, d'où il est parti pour Hyères. (Il revint mourir à Paris le 18 octobre 1817.)

709. **Méhul**. Morceau de musique autographe, avec paroles, 4 p. in-fol.

Finale de son opéra *Les deux Aveugles de Tolède,* représenté en 1806.

710. **Mendelssohn-Bartholdy** (F.), n. 1809, m. 1847.

L. a. s. à M. A. Loewe; 10 fév. 1840, 1 p. in-4° oblong.

711. **Mercadante** (S.), n. 1798, m. 1870.

L. a. s. à Carafa; Naples, 22 juin 1851, 1 p. in-4°.

712. **Meyerbeer** (G.), l'auteur de *Robert le Diable,* n. 1794, m. 1864.

1° L. a. s.; 1849, 1/2 p. in-8. — 2° L. a. s. à Théophile Gautier, 1 p. 1/4 in-4°.

Relative à la partition de piano de *Struensée,* dont il a besoin.

713. **Monsigny** (P.-Alex.), l'auteur du *Déserteur,* n. 1729, m. 1817.

L. a. s. (à Sarrette?); Saint-Cloud, 27 frimaire an VIII, 1 p. in-4°. —P.

Il demande si, dans ce moment où on recrée tout, on ne pourrait pas le fourrer quelque part. (Peu après Sarrette fit nommer Monsigny à la place d'inspecteur des études du Conservatoire.)

714. **Mozart** (Wolfgang-Amedeus), n. 1756, m. 1791.

L. a. s., en allemand et en italien, à sa mère et à sa sœur; (1769), 1 p. 1/2 in-4° oblong.

Cette précieuse pièce contient deux lettres : l'une à sa mère, en allemand, l'autre à sa sœur, en italien; toutes deux sont signées. Mozart avait alors treize ans, et il venait d'arriver en Italie avec son père. Il annonce qu'il a fait un heureux voyage et que le temps est très-chaud. Il charge sa sœur de tous ses compliments pour M. Hagenauer (propriétaire de la maison que la famille Mozart habitait à Salzbourg).

715. **Nicolo** (Nicolas Isouard, dit), l'auteur de *Joconde,* rival de Boieldieu, n. 1775, m. 1818.

L. a. s. au graveur Tardieu; dimanche 2 novembre (1817), 1 p. in-4°. Pièce montée.

Envoi de deux places pour une représentation de *Jeannot et Colin*. Il est sur les rangs pour l'Institut (après la mort de Méhul), mais il est découragé. (Nicolo échoua contre son rival Boieldieu, qui fut élu le 29 novembre.)

716. **Paganini** (Niccolo), célèbre pianiste, n. 1784, m. 1840.
L. a. s. à M. Boilly; Montpellier, 15 août 1839, 1/2 p. in-4°.
Lettre de félicitations sur le portrait de son fils qui est « *rassomigliantissimo e parlante*. »

717. **Paisiello** (Giovanni), n. 1741, m. 1816.
L. a. s. à M. Grégoire, à Paris; Naples, 12 janv. 1814, 1 p. pl. in-4°. Belle lettre.

718. **Philidor** (Fr.-André Danican, dit), célèbre joueur d'échecs, n. 1727, m. 1795.
L. a. s. à sa femme; Douvres, 8 octobre 1789, 1 p. pl. in-4°. Légères taches.
Annonce de son arrivée à Douvres. Nouvelles politiques. Le comte d'Artois est mal reçu partout. Les émigrés sont à Berne où la Reine a établi un congrès où l'on règle tous les mouvements de la cabale. Il tient ces détails d'un officier suisse qui a ajouté « que le comte d'Artois a fait sortir de France, lui et sa clique, 30 millions de francs. »

719. **Piccinni** (Niccolo), rival de Glück, n. 1728, m. 1800.
L. a. s., en français; 21 juin 1777, 1 p. in-4°.
Rendez-vous avec Marmontel.

720. **Pleyel** (Ignace), élève de Haydn, n. 1757, m. 1831.
L. a. s., en français, à Dalayrac; Paris, 20 déc. 1806, 3/4 de p. in-4°.
Félicitations sur son opéra (*Koulouf ou les Chinois*).

721. **Rameau** (Jean-Philippe), n. 1683, m. 1764.
Lettre de quatre lignes autographes en haut d'une lettre aut. sig. du Père J.-B. Martini à Rameau, datée de Bologne, 3 janvier 1760, 1 p. in-fol. Taches d'eau. — P.
Le Père Martini demande à Rameau des renseignements pour son *Histoire de la musique*, surtout dans l'antiquité. — Rameau envoie cette lettre à un de ses amis. « Vous voyez de quoi il est question. J'ai des idées sur le Tétracorde, son auteur est-il cité? c'est ce que je voudrois savoir, aussi bien que celui qui donne à entendre que Pytagore étoit fondé en progressions... »

722. **Rossini** (G.), l'auteur de *Guillaume Tell*, n. 1792, m. 1868.
L. a. s. à Cherubini, 1 p. pl. in-8. Jolie lettre.

723. **Rossini.** 1° Billet de 4 lignes aut. sig., 1 p. in-8 oblong. Pièce montée. — 2° Morceau de musique autographe, avec paroles, 1 p. in-fol. oblong. Certifié par Boieldieu.

724. **Rouget de Lisle** (Jos.), l'auteur de *la Marseillaise*, n. 1760, m. 1836.
L. a. s. à Champein; mardi matin, 2 p. 1/2 in-8. Légère déchirure par la rupture du cachet.

Relative à une pièce qu'ils devaient faire en collaboration.

725. **Rousseau** (J.-J.), auteur du *Devin du Village*, n. 1712, m. 1778.

L. a. s. à M. d'Escherny, à Neufchâtel; Motiers, 1er juin 1765, 1 p. in-4°, cachet.

Il est bien sensible à la bonté qu'il a de s'occuper de son logement. Il va à Yverdun voir son ami M. Roquin et son amie Mme Boy de La Tour qui est malade. Au retour il le consultera « sur le lieu où je dois planter le piquet. »

726. **Sacchini** (Ant.-M.-G.), n. 1735, m. 1786.

L. a. s. à M. Caruso; Paris, 18 juillet 1772, 1 p. pl. in-4°.

Belle lettre dans laquelle il lui fait part de son misérable état de fortune. Il n'a pas le sou, mais ne veut rien demander à personne.

727. **Salieri** (Antonio), n. 1750, m. 1825.

L. a. s., en français, à un ami, à Paris; Vienne, 5 déc. 1787, 3 p. 3/4 in-4°.

Prière de lui apporter des exemplaires de la partition de *Tarare* et de la pièce de Beaumarchais. Il travaille au *Tarare* italien qui, dans cette langue, s'appellera *Axur* et doit être représenté pour le mariage de la princesse de Wurtemberg avec l'archiduc François, qui aura lieu le 6 ou le 8 janvier prochain. Il annonce la mort de GLUCK, arrivée le 15 du mois passé. Intéressants détails sur ce triste événement.

728. **Scarlatti** (Alessandro), n. 1659, m. 1725.

Cantata in Emol, morceau de musique autographe, avec paroles, composé le 4 juin 1703, 4 p. 1/2 in-fol. oblong.

Précieuse pièce provenant de la collection Fuchs.

729. **Schubert** (Franz), n. 1797, m. 1828.

L. a. s. à son ami Spaun; Vienne, 16 mars 1822, 2 p. in-8 oblong.

Lettre intime. Envoi d'une de ses compositions.

730. **Steibelt** (Daniel), n. 1764, m. 1823.

L. a. s., en français, à M. Nezot; (13 septembre 1798), 2 p. in-4°.

Lettre de reproches à un de ses élèves.

731. **Verdi** (G.), auteur du *Trouvère*, n. 1814.

L. a. s. à Sezzi; Bussato, 15 mars 1860, 1 p. 3/4 in-8. Jolie pièce.

732. **Wagner** (R.), l'auteur du *Tannhauser*, n. 1813.

L. a. s. à M. Lucy; vendredi matin, 2 p. in-8.

733. **Weber** (Carl-Maria de), l'auteur du *Freyschütz*, n. 1786, m. 1826.

L. a. s. à Mgr...; Dresde, 18 sept. 1821, 2 p. in-4°.

Il reconnaît, dans le secours de 300 florins que Sa Majesté daigne lui accorder, la preuve de la satisfaction avec laquelle son zèle pour le service du Roi est accueilli. Il le prie de mettre aux pieds de Sa Majesté l'expression de ses sentiments respectueux et reconnaissants. (Cette gratification fut sans doute accordée à Weber par le roi de Prusse à l'occasion de l'heureux succès de *Freyschütz*, représenté à Berlin le 18 juin précédent.)

734. **Zingarelli** (Nic.-Ant.), n. 1752, m. 1837.

L. a. s., en français, à Lesueur; Naples, 14 oct. 1817, 1 p. pl. in-4°.

Il n'a pas vu M. Benoît, prix de Rome, que Lesueur lui avait recommandé. Ces jeunes gens, qui reçoivent le prix, se croient des grands hommes. « Ils s'amusent en grands seigneurs et retournent en France remplis de grandes espérances, et leur nom retourne dans l'oubli. » (Il s'agit de François Benoist, qui eut le grand prix de composition musicale en 1815 et devint plus tard professeur au Conservatoire.)

735. **Compositeurs de musique.** 11 l. a. s.

Baillot, *Catel*, *Hummel*, *Lesueur*, *Onslow*, *Paër*, *Reicha*, *Spohr*, *Spontini*, *Thalberg*, et *Viotti*.

736. **Compositeurs de musique.** 10 l. a. s.

Adam, *Auber*, *Berlioz*, *David* (Félicien), *Flotow*, *Gomis*, *Gounod*, *Liszt*, *Mermet*, et *Offenbach*.

VOYAGEURS

737. **Anson** (George), amiral anglais, qui fit le tour du monde (1740-45), n. 1697, m. 1762.

P. s.; 27 juin 1749, 1/2 p. in-fol.

738. **Baker** (Samuel), qui explora le centre de l'Afrique et découvrit le lac Albert-Nianza.

1° L. a. s.; 1867, 2 p. in-8. — 2° L. a. s., 2 p. 1/2 in-8.

739. **Banks** (sir Jos.), botaniste anglais, compagnon du capitaine Cook, n. 1740, m. 1820.

1° L. a. s. à Broussonet; 1er mai, 2 p. in-4°. Intéressante. — 2° Portrait dessiné par M. Boilly, in-4°.

740. **Barth** (Henri), qui explora le centre de l'Afrique, n. 1821, m. 1865.

3 l. a. s.; 1850-61, 4 p. in-4°, in-8 et in-12. — P.

741. **Bellot** (Jos.-René), lieutenant de vaisseau, n. 1826, m. dans les glaces polaires, pendant l'expédition à la recherche de John Franklin, 1853.

L. a. s. à M. Bellot, à Rochefort; 31 oct. 1852, 4 p. in-8. *Rare.*

Cette lettre, qui paraît incomplète au milieu, est une relation de son expédition avec le capitaine Kennedy. Bellot raconte qu'entrés dans les glaces au mois de juillet ils n'en ont été débarrassés qu'à la fin du mois d'août.

742. **Blosseville** (Jules de), commandant de *la Lilloise*, n. 1802, perdu dans les glaces du pôle boréal, 1833.

L. a. s. à Halgan; Rochefort, 19 déc. 1825, 1 p. in-4°.

De retour d'un long voyage sur *la Coquille*, il demande à jouir du congé qui lui a été accordé et qu'il avait rompu dans l'espoir d'aller dans la mer Baltique avec M. de Traversay.

743. **Bougainville** (L.-Ant., comte de), le premier capitaine français qui ait fait le tour du monde (1766-69), n. 1729, m. 1811.

1° P. a. s.; à bord de *la Boudeuse*, 30 oct. 1768, 1/4 de p. in-4°. — 2° L. a. s.; à bord du *Bien-aimé*, 6 juin 1777, 3 p. pl. in-4°. — P.

Relative aux travaux de l'astronome Véron, mort victime de son zèle pour la science.

744. **Brosses** (Charles de), premier président au Parlement de Bourgogne, qui visita l'Italie et écrivit des *Lettres* sur son voyage, n. 1709, m. 1777.

L. a. s. à Maret, à Dijon; Montfalcon, 23 oct. 1774, 3/4 de p. in-8, cachet. Jolie pièce.

745. **Bruce** (James), qui rechercha les sources du Nil et découvrit celles du Nil Bleu, n. 1730, m. 1794.

L. a. s., en français, à Panckoucke; 10 mars (1789 ou 1790), 3/4 de p. in-4°.

Envoi de la cession de ses droits sur le *Voyage d'Abyssinie, Arabie, Nubie et Egypte*.

746. **Burckhardt** (Louis), qui explora l'Arabie et l'Egypte et entra dans La Mecque (1814), n. 1784, m. au Caire, 1817.

L. aut., sig. *Dein Louis*, à sa mère; Le Caire, 20 août 1817, 1/2 p. in-4°.

Lettre écrite deux mois avant sa mort.

747. **Caillé** (René), le premier Européen qui traversa l'Afrique et pénétra à Tombouctou (1827-28), n. à Mauzé (Deux-Sèvres), 1799, m. 1838.

1° L. a. s.; Paris, 23 avril 1829, 1 p. 1/2 in-fol. — 2° P. a. s.; Paris, 1er juin 1830, 3/4 de p. in-4°.

Facture de 20 exemplaires de son *Voyage à Tombouctou*. — La première de ces lettres est signée *Caillé* et la seconde *Caillié*.

748. **Chardin** (Jean), qui visita la Perse (1673), et écrivit la description de ce pays, n. 1643, m. 1713.

P. s.; 5 sept. 1698, 1 p. in-fol. — P.

749. **Charlevoix** (le Père P.-Fr.-Xav. de), missionnaire au Canada, dont il écrivit l'histoire, n. à Saint-Quentin, 1682, m. 1761.

Billet de 4 lignes aut. sig.; 17 nov. 1731, 1/2 p. in-8 oblong.

Demande de 10 exemplaires de son *Histoire de Saint-Domingue.*

750. **Clarke** (Edward-Daniel), explorateur de l'Asie Mineure, n. 1767, m. 1822.

L. a. s. au professeur Porson, à Londres; Cambridge, 31 déc. 1807, 3 p. in-4°. Coupée dans les plis et raccommodée.

751. **Cook** (James), un des plus illustres navigateurs de l'Angleterre, n. 1728, massacré aux îles Sandwich le 14 février 1779.

1° P. s.; 16 août 1758, 1 p. in-fol. — 2° Pièce autographe, 3/4 de p. in-4°.

Fragment de la relation d'un de ses voyages.

752. **Dumont d'Urville** (Jules), contre-amiral, qui fit trois fois le tour du monde, n. 1790, m. brûlé en chemin de fer, 1842.

L. a. s. à Cuvier; Paris, 3 mai 1825, 2 p. 1/2 in-4°.

Il lui soumet un projet d'exploration pour la Nouvelle-Guinée et le prie d'en parler au ministre. Il demande, pour mener à bien cette expédition, le grade de capitaine de frégate. (Dumont d'Urville obtint ce grade le 3 novembre suivant et il partit, le 25 avril suivant, sur *l'Astrolabe,* pour le célèbre voyage pendant lequel il découvrit les restes de l'expédition de La Pérouse.)

753. **Dumont d'Urville.** 1° L. a. s. à l'éditeur Gide, 26 nov. 1841, 1 p. 1/2 in-4°. — 2° L. a. s. du capitaine *Jacquinot,* second de Dumont d'Urville dans ses expéditions; 1837, 1 p. in-8. — 3° L. a. s. de *Le Guillou,* chirurgien de *la Zélée,* 1/2 p. in-8.

754. **Entrecasteaux** (Jos.-Ant. Bruni d'), amiral, qui alla, en 1791, à la recherche de La Pérouse, n. 1739, m. en mer, 1793.

L. a. s.; Toulon, 23 nov. 1780, 3 p. in-fol.

755. **Franklin** (John), navigateur anglais, n. 1786, qui se perdit dans les glaces polaires, 1845.

Billet de 4 lignes aut. sig.; 17 avril 1832, 1 p. in-8 oblong. *Rare.* — P.

756. **Franklin.** P. s.; 31 mars 1832, 1 p. in-4°.

757. **Franklin.** 1° Sa signature découpée venant de la collection du Révérend Cotton. — 2° L. a. s. de *Madame Franklin,* si célèbre par son dévouement à son mari, à Mme Sizza, à Paris; Londres, 2 juin 1857, 2 p. 1/4 in-8.

Lettre à une dame qui proposait à Mme Franklin de l'accompagner dans un voyage à la recherche de son mari. Elle la remercie d'une offre si courageuse; mais elle déclare qu'elle n'accompagnera pas l'expédition qu'elle envoie au pôle Nord, une femme étant toujours un embarras. « Croyez-moi, Madame, les hommes héroïques qui vont braver toutes ces souffrances et tous ces dangers à bord de mon petit navire, pour la cause de l'humanité, n'ont pas besoin d'être stimulés par moi. »

758. **Jacquemont** (Victor), explorateur de l'Inde, n. 1801, m. à Bombay, 1832.

L. a. s. à M. Cordier; Cachemyr, 16 août 1831, 1 p. in-4°.—P.

Il monte à cheval et lui envoie deux lettres. « Je pars pour ma dernière campagne en Cachemyr. Je vais du côté du Tibet grand et petit. Je serai un mois absent. »

759. **Kane** (Eliska-Kent), chirurgien américain, qui alla à la recherche du capitaine Franklin et découvrit la mer polaire qui porte son nom, n. 1822, m. 1857.

Billet de 5 lignes aut. sig., 1 p. in-8 oblong.

760. **Krusenstern** (Adam-Jean de), amiral russe, qui fit le tour du monde (1803-6), n. 1770, m. 1846.

1° L. a. s., en français; Saint-Pétersbourg, 12-24 fév. 1811, 1 p. in-fol.

Relative à sa nomination de correspondant de l'Institut.

2° Portrait au crayon, dessiné d'après nature, in-4°.

761. **La Pérouse** (J.-Fr. de Galaup, comte de), n. 1741, m. sur les récifs de Vanikoro, 1788.

L. a. s.; Paris, 19 juillet (1783), 1 p. pl. in-8. Jolie pièce.

762. **La Pérouse et ses compagnons.**

1° Fin de lettre aut. sig. de Lapérouse, 2 p. in-fol. — 2° 7 pièces aut. sig. de *De Langle*, *Clonard*, *De Monti*, *D'Escures*, *Vaujuas*, *La Borde-Marchainville*, et *Boutin*.

763. **Livingstone** (David), explorateur du centre de l'Afrique, n. 1815, m. 1874.

L. a. s.; 10 juin 1863, 1 p. pl. in-8. *Très-rare.* — P. au crayon sur papier végétal.

764. **Lucas** (Paul), qui visita le Levant et la Perse, n. 1664, m. 1737.

L. a. s.; Paris, 14 sept. 1727, 3 p. in-4°. Intéressante.

765. **Maury** (Mattew), commodore américain, l'auteur de la théorie des courants aériens et maritimes, n. 1806.

1° L. a. s. à Vattemare; Washington, 16 oct. 1854, 1 p. in-4°. — 2° Portr. au crayon.

766. **Niebuhr** (Carsten), voyageur en Arabie, n. 1733, m. 1815.

L. a. s.; 23 oct. 1784, 4 p. pl. in-4°.

Relative à des enluminures représentant des soldats indous et qui lui paraissent l'œuvre d'un sous-officier anglais de Bombay.

767. **Overweg** (Adolph), compagnon de Barth dans l'expédition de l'Afrique centrale, n. 1822, m. sur les bords du lac Tchad, 1852.

L. a. s., en anglais, à M. Richardson; Medjnan, 30 mars 1850, 2 p. in-12.

768. **Poivre** (Pierre), qui introduisit dans nos colonies la culture des épices, n. à Lyon, 1719, m. 1786.

L. a. s. à M. Aubry, curé de Saint-Louis-en-l'Ile, à Paris; Lyon, 31 déc. 1780, 2 p. 3/4 in-4°, cachet. Belle lettre.

769. **Shaw** (Thomas), qui a exploré la Syrie et l'Egypte, n. 1692, m. 1751.

L. a. s.; Oxford, 14 mai 1735, 1/4 de p. in-fol. Déchirure dans les plis.

770. **Sonnerat** (Pierre), qui explora l'Afrique, les Indes et la Chine, n. à Lyon, 1749, m. 1814.

L. a. s. au c^te^ d'Angiviller; Pondichéry, 2 avril 1788, 3 p. in-4°.

Il fait part du voyage qu'il a fait à Ceylan.

771. **Speke** (John-Hanning), explorateur de l'Afrique centrale, n. 1827, m. 1864.

L. a. s. à Oliphant; 14 juillet 1863, 1 p. pl. in-8.

772. **Speke.** L. a. s. à Layard; 31 mai 1864, 4 p. in-8.

773. **Tournefort** (Jos. Pitton de), voyageur en Orient, n. à Aix, 1656, m. 1708.

L. a. s., 1/2 p. in-8.

774. **Valle** (Pietro della), qui explora l'Asie, n. 1586, m. 1652.

L. a. s., en latin, au P. Jean Morin; Rome, 13 des kalendes d'avril 1641, 1 p. in-fol. Belle lettre.

775. **Vancouver** (George), qui fit le tour du monde (1791-95), n. 1758, m. 1798.

1° L. a. s.; Petersham, 10 déc. 1797, 1 p. pl. in-4. *Rare.* — 2° L. a. s. de son frère *John Vancouver*, qui termina la publication de la relation du voyage autour du monde; 5 oct. 1800, 1/2 p. in-fol.

776. **Wallis** (Samuel), qui fit le tour du monde (1766-68), m. 1795.

P. s.; 18 juin 1789, 1 p. in-4° oblong.

777. **Voyageurs français.** 6 l. a. s.

Abbadie (Ant. d'), 2 let., *Fleurieu*, *Kerguelen*, *Lesson*, et *Levaillant*.

778. **Voyageurs anglais.** 14 l. a. s. et 1 p. s.

Back, *Beechey*, *Burchell*, *Burnes*, *Byron* (le commodore), p. s., *Dodwell*, *Fitz-Roy*, *Hall*, *Malcolm*, *Parry*, *Richardson*, *Ross* (les deux), *Sabine*, et *Salt*.

779. **Voyageurs allemands et italiens.** 10 l. a. s.
Acerbi, Beltrami, Forster, Mariti, Meyendorff, Pallas, Puckler-Muskau, Santi, Siebold, et *Thunberg.*

780. **Voyageurs.**
Collection de 156 lettres autographes signées de voyageurs français et étrangers du XVIIIe et du XIXe siècle. Réunion unique : on y remarque les noms suivants :
Andréossy, Anville, Badia, Baudin, Bonstetten, Buache, Cailliaud, Combes, Denon, Duperrey, Dupetit-Thouars, Freycinet, Gamba, Gau, Guys, Humboldt, Klaproth, Kohl, Langsdorff, Legentil, Lejean, Lesseps, Marcellus, Olivier, Pacho, Péron, Pouqueville, Rae, Rennell, Rienzi, Ritter, Rosily, Rossel, Roussin, Ruppell, Scoresby, Scrofani, Tamisier, Thiercelin, Volney, Warden, Wied-Neuwied, Wilkes, etc.

781. Sous ce numéro, on vendra un certain nombre de lettres de littérateurs, artistes, savants, etc., que le temps n'a pas permis de cataloguer.

ERRATUM

Au no 238, p. 25, *lisez* : La Fayette (la comtesse de).

NOTA. — Nous avons dû réunir en lots un certain nombre de pièces sous les dénominations de : *Académie française, Savants, Peintres,* etc., mais tous ces lots pourront être divisés.

Paris. — Typ. MOTTEROZ, 31, r. Dragon.

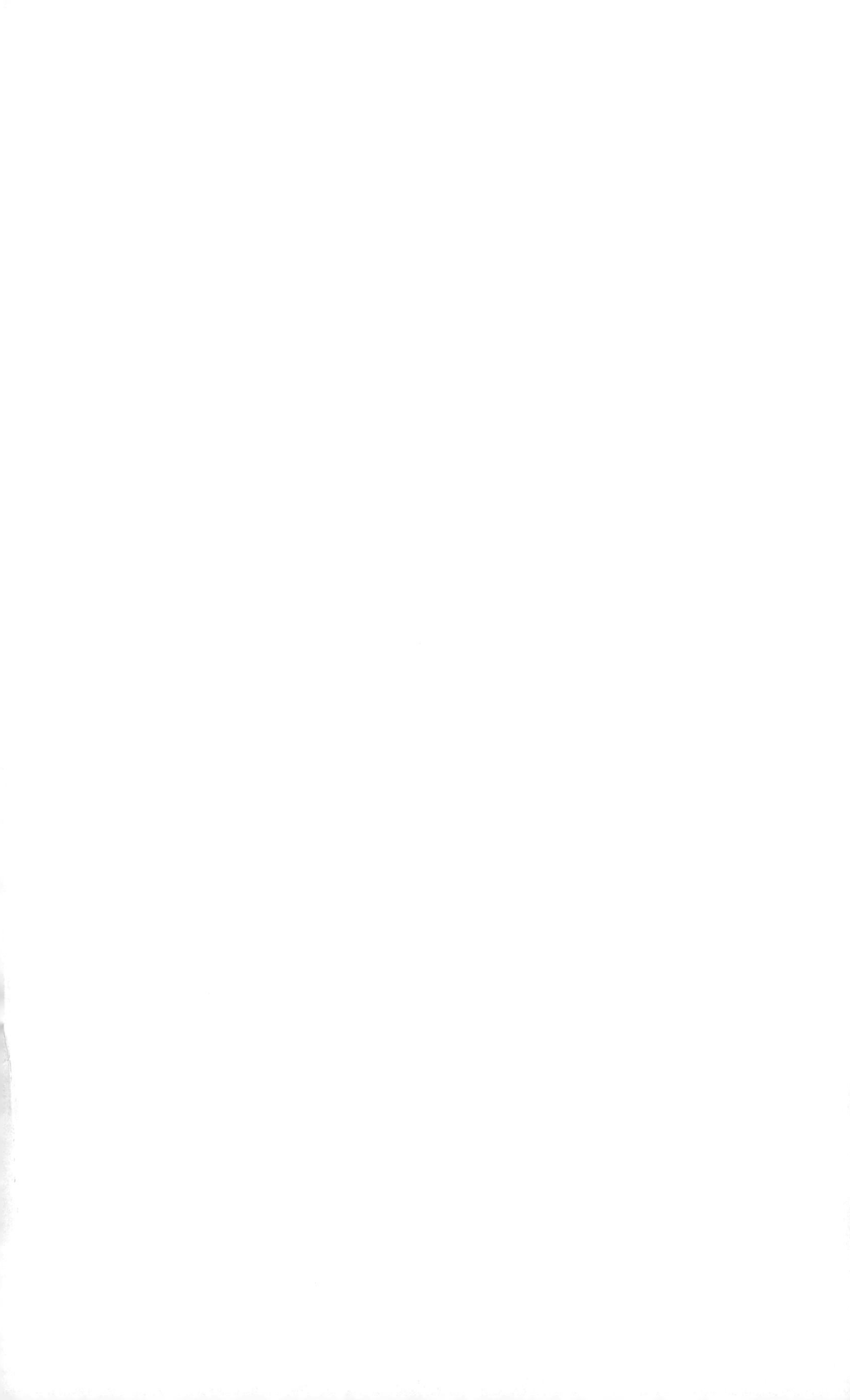

www.ingramcontent.com/pod-product-compliance
Ingram Content Group UK Ltd.
Pitfield, Milton Keynes, MK11 3LW, UK
UKHW020338180726
13839UKWH00002B/779

9 782329 530451